NORMAN WOLF

Die
Fische
schlafen
noch

Wie ich meinen
Papa an den
Alkohol verlor und
ihn auf der Straße
wiederfand

mvgverlag

Bibliografische Information der Deutschen Nationalbibliothek
Die Deutsche Nationalbibliothek verzeichnet diese Publikation in der Deutschen Nationalbibliografie. Detaillierte bibliografische Daten sind im Internet über http://dnb.d-nb.de abrufbar.

Für Fragen und Anregungen
info@mvg-verlag.de

Originalausgabe
2. Auflage 2019
© 2019 by mvg Verlag, ein Imprint der Münchner Verlagsgruppe GmbH
Nymphenburger Straße 86
D-80636 München
Tel.: 089 651285-0
Fax: 089 652096

Einige Orte, Daten und Namen wurden geändert, um die Persönlichkeitsrechte der Beteiligten zu wahren.

Redaktion: Nadine Lipp
Umschlaggestaltung: Isabella Dorsch
Umschlagabbildung: shutterstock.com/Antonio Lirio
Illustrationen: Icons by freepik.com from www.flaticon.com, Hadrien from www.flaticon.com
Satz: Carsten Klein, Torgau
Druck: CPI books GmbH, Leck
Printed in Germany

ISBN Print 978-3-7474-0077-7
ISBN E-Book (PDF) 978-3-96121-413-6
ISBN E-Book (EPUB, Mobi) 978-3-96121-414-3

Weitere Informationen zum Verlag finden Sie unter
www.mvg-verlag.de
Beachten Sie auch unsere weiteren Verlage unter www.m-vg.de.

Für Papa.
Es ist nicht deine Schuld.

Inhalt

Prolog:
Ich suche meinen Papa

25. Dezember 2017

»Ich suche meinen Papa«, tippe ich in mein Handy und frage mich einen Moment lang, ob »Papa« das richtige Wort für einen Menschen ist, den ich seit über zwölf Jahren nicht gesehen habe. Ich bin vierundzwanzig, das ist die Hälfte meines Lebens. Vielleicht wäre »Vater« passender, biologisch-neutraler und weniger kindlich-naiv.

Ich schaue mir das Foto immer wieder an: Ein graubärtiger, alter Mann in einer dicken Jacke sitzt in einer Bankfiliale und blickt unsicher in die Kamera. Es ist die Kamera eines Fremden, den er angesprochen und um Hilfe gebeten hat. Er möchte seine Söhne finden, soll er gesagt haben. Namen und Geburtstage, die wisse er noch, und vielleicht könne man da etwas machen, mit dem Handy. Und irgendjemand, der bestimmt nicht erwartet hatte, an diesem Abend den Wunsch eines Obdachlosen zu erfüllen, zückte das Handy, fand mein Facebook-Profil und schickte mir das Foto. Das Foto eines Mannes, der irgendwann, vor langer Zeit mein Vater gewesen war – und den ich seit Jahren für tot hielt.

Ein Jahr ist das mittlerweile her. Und seitdem ist nichts weiter passiert. Die Person, die meinem Vater in jener Nacht geholfen hat, brach schon bald den Kontakt zu mir ab. Und ich wusste nur: Er lebt.

Auf der Straße, irgendwo in Hamburg. Wenige Monate später zog ich in die USA, um dort als Au-pair zu arbeiten. Ich sprach eine neue Sprache, knüpfte neue Freundschaften, lebte ein neues Leben. Doch die Gedanken an meinen Vater waren immer da.

Seit es kalt ist und schneit, sind sie schmerzhafter. Heute, an Weihnachten, malte ich mir aus, wie er am Straßenrand sitzt, friert, an seine Kinder denkt und betet. Und dann geschah etwas, das ich mir seit Jahren verboten hatte: Ich weinte um ihn. Mir wurde klar, dass ich etwas tun musste.

Ich lese noch einmal Korrektur und stelle sicher, dass sein Foto angehängt ist. Dann drücke ich auf »Senden«. Nach einigen Sekunden ist der Tweet online:

@deinTherapeut
Das hier fällt mir schwer, aber vielleicht kann Twitter helfen.
Ich suche meinen Papa.
Er ist obdachlos und soll in Hamburg leben. Sein körperlicher Zustand ist vermutlich äußerst schlecht. Das Foto ist circa ein Jahr alt.
Ein Retweet würde mir alles bedeuten.
Danke!
25. Dezember 2017 (10:36 Uhr)

Papa wollte mich finden. Jetzt finde ich ihn.

1. TEIL

1

Du wirst mal Architekt

13. Juni 1999

»Papa, ich glaube, die Fische schlafen noch.« Ich sehe auf meine Armbanduhr: zu dunkel, um etwas zu erkennen. »Wie spät?«

»Vier Uhr.« Papa flucht, als er die Klappstühle aufstellt. Die Angel steht bereits, daneben eine Kühlbox. Papa ist noch früher aufgestanden als ich, um Brote zu schmieren. »Morgens ist die beste Zeit zum Angeln. Da frühstücken die Fische und rechnen nicht damit, gefangen zu werden.« Er verschwindet hinter dem Auto und kommt mit ein paar Decken zurück. Wortlos drückt er mir eine davon in die Hand.

Ich setze mich, klemme mir die Decke links und rechts unter die Beine. Papa rückt die Angel zurecht, zieht einen Köder aus der Kühlbox und bringt ihn am Haken an. Ich beobachte ihn dabei.

Beobachten kann ich sowieso besser als Angeln. Ich bin gut in Memory, im Malen und Puzzeln. Papa hat zum Puzzeln keine Geduld. Er packt die Dinge lieber an. Als er das Dach des Nachbarn deckte, durfte ich von unserem Hof aus zusehen. Sein Kollege stand auf dem Gerüst und Papa warf ihm die Ziegel hoch – als wären sie aus Pappe.

»Wie bist du so stark geworden?«

Er sagt nichts. Stattdessen geht er einen Schritt zurück und holt weit aus. Ein lautes Rattern ertönt, als er die Angel auswirft. Ein bisschen Schnur rollt er auf, stellt die Rute ab und rückt sie abermals zurecht.

Ich betrachte meine Oberarme: Sie sind sehr dünn. »Irgendwann werde ich auch mal so stark.« Die Muskeln anzuspannen, macht keinen Unterschied. »Und dann arbeite ich auch als Dachdecker!«

Papa lacht, beugt sich zu mir und tippt mit dem Zeigefinger an meine Stirn. »Du hast viel zu viel im Kopf, um Dachdecker zu werden.« Sein Blick ist zuversichtlich. »Du wirst mal Architekt.«

»Was macht ein Architekt?«, frage ich sofort.

»Der sitzt in seinem Büro mit Klimaanlage, während die Bauarbeiter draußen in der Sonne schwitzen.« Papa geht ein paar Schritte, zieht ein Trinkpäckchen aus der Kühlbox, wirft es mir auf den Schoß und zündet sich eine Zigarette an.

Ich erinnere mich daran, wie dunkel seine Haut letzten Sommer war. Wie schwarz das Badewasser jeden Abend wurde. Und dass er ständig Rückenschmerzen hatte. »Okay, dann Architekt.«

Für ein paar Sekunden sagt niemand etwas.

Papa lässt sich in den Klappstuhl fallen, zieht an seiner Zigarette und bläst den Rauch zurück in die kühle Morgenluft. »Ich will, dass du es mal besser hast als dein Papa, hörst du?« Am anderen Ende des Sees wird der Himmel schon ein bisschen heller. »Du und dein Bruder, ihr seid mir das Wichtigste auf der Welt.«

Wir fangen an diesem Morgen keine Fische. Aber wen interessiert das schon.

2

Der arme Mann und das Mädchen

11. Dezember 1999

»Warte, ich bin gleich so weit«, sage ich und suche alle Kuscheltiere auf dem Bett zusammen, um sie in ihrer üblichen Reihenfolge links des Kissens hinzusetzen. Das Licht hat Mama zwar schon ausgemacht, doch das Nachtlicht in der Steckdose und der LED-Kerzenständer auf dem Fensterbrett erhellen den Raum. Wie jedes Jahr hat Mama pünktlich zum ersten Dezember das Haus geschmückt. Meine Fenster sind mit dünnem weißem Klebeband in vier Quadrate geteilt. In jedem hängt ein anderes Weihnachtsbild: zwei Schneemänner mit Wollmützen, das Christkind beim Einpacken von Geschenken, ein bunt leuchtender Baum, ein Kind auf einem Schlitten. Den falschen Schnee, der um die Bilder glitzert, habe ich selbst draufgesprüht. Draußen ist es zwar schon richtig kalt, auf echten Schnee warten wir trotzdem noch.

Am oberen Rand des Kissens sitzt Susi, die Teddybärmama mit den drei Babys in der Brusttasche. Darunter kommen die zwei anderen Bären, ein Mädchen und ein Junge. Ganz unten liegt Bugs Bunny, den ich von meiner Cousine Jenny bekommen habe und der vom Kuscheln schon etwas zerfleddert ist.

Ich bin sechs Jahre alt, es ist Samstag und ich durfte länger aufbleiben. Wir – das sind Mama, Papa, mein zwei Jahre älterer Bruder Steven und ich – haben Pizza bestellt und zum Nachtisch durfte ich das elfte Türchen meines Adventskalenders öffnen. Das zehnte Türchen auch noch, weil ich das gestern vergessen hatte, und das musste ich richtig lange suchen. Dann haben wir alle Karten gespielt. Papa hatte eine Glückssträhne und hat dauernd gewonnen. Einmal hielt Mama ihre Dame für einen Buben und benutzte sie als Joker mit einem dicken Grinsen im Gesicht und Papa sagte:»Also, hm, das ist aber ein sehr weiblicher Bube.« Wir mussten alle lachen und Mama am lautesten, weil sie das gar nicht bemerkt hatte. Sie konnte gar nicht mehr aufhören, lachte Tränen und steckte uns andere immer wieder an.

Während wir spielten, hörten wir Weihnachtslieder. Doch Papa hatte irgendwann die Nase voll und machte das Radio aus. Da lief gerade»Last Christmas« und Mama beschwerte sich, weil sie das am liebsten mochte. Papa legte stattdessen eine der Mix-CDs ein, die er in seiner Werkstatt selbst aufnimmt. Ich wäre so gern mal dabei, wenn er das macht, aber ich sei noch zu jung für das ganze Equipment, sagt er immer. Manchmal gefiel mir ein Song und ich sagte:»Das Lied ist voll schön.« Dann grinste er und nickte wissend.

Mama sitzt am Bettrand und schaut mich geduldig an.»Weißt du noch, wann du die Teddymama bekommen hast?«

»Klar«, sage ich,»zu meinem zweiten Geburtstag!« Ich zähle an den Fingern ab, verzähle mich und fange neu an.»Sie ist jetzt also schon vier Jahre alt.«

Ich lege mich hin und Mama breitet die Decke über mir aus, zieht sie bis zum Hals und steckt sie links und rechts unter meine Schultern. Eng und kuschelig, wie ich es mag.»Du hast die Susi ausgepackt, gegrinst über beide Ohren, hast sie am Ärmel geschnappt und bist einfach weggelaufen.« Als sie daran denkt, muss sie unwillkürlich lächeln.»Dabei hattest du noch gar nicht alles ausgepackt und Kuchen hatten wir auch noch keinen gegessen.«

»Mama, erzählst du mir noch eine Gutenachtgeschichte?«

Sie nickt.»Welche möchtest du denn hören?«

»Der arme Mann und das Mädchen!«, rufe ich freudig. Das ist meine Lieblingsgeschichte und Mama ist die Beste darin, sie zu erzählen.

»Na, dann rück mal ein Stückchen zur Seite.« Sie streift ihre Hausschuhe ab und legt sich neben mich auf die Bettdecke, ihren Kopf an meinen.

Ich schließe die Augen. Mama streift mit zwei Fingern von meinem Nasenbein über meine Stirn bis zum Haaransatz.

»Es war einmal ein armer alter Mann …« Wenn sie ausatmet, fühle ich warme Luft an meiner Stirn bis zu meiner Nasenspitze hinuntergleiten. »Er lebte im Wald unter großen Bäumen, die ihm Schutz bei schlechtem Wetter gaben. Sein einziges Hab und Gut waren die Kleider, die er trug, und eine warme Jacke, die jemand weggeworfen hatte. Er aß das, was er im Wald fand, und obwohl es nicht viel war, teilte er es mit den Tieren des Waldes, die seine einzigen Freunde waren.«

»Welche Tiere hatte er als Freunde?«, frage ich.

»Hm«, macht Mama. »Da war ein Eichhörnchen namens Rita, ein Waschbär mit dem Namen Hubert und …« Sie stockt. »Sag du mir, welches das dritte war.«

»Hm«, mache jetzt ich. »Wie wäre es mit einem Häschen, das Fridolin heißt?«

»Und ein Häschen namens Fridolin«, ergänzt Mama also und nickt. »Eines Tages streifte der alte Mann durch den Wald, um Essen zu besorgen. Da sah er plötzlich hinter einem Gebüsch etwas liegen.« Kurz ist sie still – für die Spannung. Das macht sie an der Stelle immer, obwohl ich die Geschichte schon kenne und genau weiß, was der alte Mann findet. »Als er näher kam, sah er, dass es ein kleines Mädchen war.«

»Was, echt?«, frage ich überrascht. Das mache ich an der Stelle immer, obwohl Mama genau weiß, dass ich die Geschichte schon kenne.

Mama nickt und mein Kopf wackelt mit. »Er hob das Mädchen auf und nahm es mit zu sich«, erzählt sie weiter. »Es schlief so fest, dass es nicht merkte, als der alte Mann es auf das weiche Moos legte und mit seiner Jacke zudeckte.« Sie streicht die Decke über mir glatt. Und noch einmal. »Als es später wach wurde und nicht mehr weinte, erfuhr er, dass es von seinen Eltern ausgesetzt worden war und schon seit Tagen im Wald herumirrte. Also nahm er das Mädchen in Obhut, beschützte es, teilte sein Essen mit ihm und gab ihm nachts die warme Jacke, damit es nicht fror.«

»Mama, würdest du das auch für mich machen?«, flüstere ich. »Mir nachts die warme Jacke geben?«

Sie gibt mir einen Kuss auf die Stirn. »Ich würde alles für dich machen, mein Schatz.«

Ein wohliges Gefühl entsteht in meiner Stirn, zieht durch meinen Oberkörper und breitet sich durch Arme und Beine bis in die Finger und Zehen aus. Ich glaube ihr. Letztens war mir ganz schlimm schlecht und ich dachte, dass ich mich übergeben muss, also hing ich über der Kloschüssel und habe geweint. Mama saß die ganze Zeit neben mir. Und als ich dahockte, weinte und sagte: »Das tut so weh, das tut so weh«, da hat Mama gesagt: »Ich wünschte, ich könnte dir das abnehmen.« Das ging natürlich nicht. Aber ein bisschen besser war es danach, weil ich wusste, dass Mama da ist und lieber selbst Bauchweh hätte, als dass ich Bauchweh haben muss.

»Irgendwann nachts erschien ihm eine gute Fee und sagte ...« Sie räuspert sich und spricht mit hoher Stimme weiter: »Du bist so ein guter Mensch. Du hast drei Wünsche frei!«

Ich muss kichern.

»Er überlegte nicht lange und sagte Folgendes ...« Wieder räuspert sie sich. Als sie weiterspricht, ist ihre Stimme deutlich tiefer als sonst: »Meine drei größten Wünsche wären ein kleines Haus, das uns Schutz bietet, ein Ofen, der uns wärmt, und so viel Essen, dass wir nie wieder hungrig einschlafen müssen.«

»Und dann, Mama?«, flüstere ich. »Was sagte die gute Fee zu den Wünschen?«

»Sie sagte gar nichts. Aber ehe sichs der alte Mann versah, stand da ein kleines Häuschen mit zwei kuscheligen Betten, einem Ofen, der sie wärmte, und einem Regal voll mit köstlichen Sachen zum Essen und Trinken, das sich immer wieder von selbst füllte.«

»Boah«, sage ich.

»Boah«, antwortet Mama. »Da war die Freude groß. So glücklich waren sie noch nie!«

»Halt, Mama!«, sage ich ein bisschen zu laut. »Ich will das Ende erzählen! Darf ich?«

»Na klar.«

Ich räuspere mich, wie sie es immer macht. »Der alte Mann und das Mädchen lebten noch viele Jahre glücklich und zufrieden in ihrem Häuschen im Wald.«

Mama will sich aufrichten, doch ich halte sie fest. »Eine Frage habe ich noch, Mama. Warum wünscht sich der arme Mann keine Million Mark?«

Sie streicht mir mit den Fingern durch die Haare bis ganz nach hinten in den Nacken. »Weil er keine Million Mark braucht. Menschen brauchen keine Million Mark. Sie müssen es nur warm haben. Sie brauchen genug zu essen und zu trinken und einen sicheren Ort zum Schlafen. Und sie müssen jemanden haben, der sie lieb hat.«

Ich nicke stumm. »Toll, dass ich das alles habe«, sage ich dann. »Und ich habe sogar ganz viele, die mich lieb haben. Der Papa hat mich lieb, der Opa hat mich lieb, der Steven hat mich lieb, obwohl wir uns ganz schön oft streiten. Und du hast mich natürlich auch lieb, Mama.«

Dann drückt Mama mich ganz fest an sich. Ich spüre ihren Atem jetzt in meinem Haar. »Weißt du, deine Mama hatte schon früh keine Mama mehr. Deine Oma ist gestorben, da war ich nur ein bisschen älter als du jetzt.«

Ich flüstere: »Aber Mama, du stirbst nicht, oder?« Ich stelle mir vor, wie es wäre, wenn Mama sterben würde, aber es geht nicht. Wer würde mich dann jeden Morgen wecken? Ich müsste allein Zähne putzen und mir selbst das Pausenbrot schmieren. Jemand muss doch am Hoftor stehen, wenn ich zur Schule losgehe, und winken, bis ich um die Ecke gebogen bin. Am Nachmittag, wenn Papa noch auf der Arbeit ist, würde niemand neben mir sitzen und Groschenromane lesen oder Kreuzworträtsel lösen, während ich Bilder für die Küchentür male. Keiner würde mir vom Einkaufen ein Überraschungsei mitbringen und sagen: »Ich habe ganz viele geschüttelt, und das hier klang am besten.« Und Mama wäre nicht mal da, um mir einen Gutenachtkuss zu geben.

»Nein, mein Schatz«, flüstert Mama. Sie atmet einmal kräftig durch meine Haare ein und wieder aus. »Ich lasse dich nicht allein. Das verspreche ich dir.«

»Weil, du musst ja auf mich aufpassen«, erkläre ich.

»Ich werde immer auf dich aufpassen.« Mama drückt mich noch ein bisschen fester an sich. Dann spüre ich etwas Nasses auf meiner Kopfhaut.

»Ich hab dich lieb, Mama.«

»Ich hab dich auch lieb. So furchtbar lieb.«

3

So ist dein Papa eben

29. August 2000

»Meine Beine tun weh«, sage ich leise.

Steven sieht kurz auf und widmet sich dann wieder seinem Gameboy: Pokémon, Rote Edition. »Der Größere bekommt den Mittelplatz, so ist das nun mal.« Mit dem Rücken lehnt er an der Tür, die Beine streckt er über die gesamte Rückbank bis auf meinen Sitz.

»Das ist unfair!« Diesmal bin ich laut. »Du bist zwei Jahre älter. Du wirst immer größer sein! Dafür kann ich doch nichts.« Seit zwei Stunden fahren wir jetzt. So lange sitze ich schon am rechten Rand, die Beine eingezwängt neben einer Kühlbox. Ich muss aufs Klo und die Luft ist stickig, aber ich darf das Fenster nicht aufmachen, weil wir über die Autobahn fahren.

»Ich habe längere Beine, ich brauche mehr Platz.« Er rutscht ein bisschen mit dem Hintern von links nach rechts, als mache er es sich gemütlich.

Im Urlaub haben wir uns kaum gestritten. Auch Mama fiel das auf. In Österreich gäbe es einfach mehr Platz, erklärte sie. Sie hatte recht. Wir kamen uns nicht so leicht in die Quere wie zu Hause. Und erst recht nicht so leicht wie auf der Rückbank eines Autos.

Wenn ich wütend auf Steven war, ging ich einfach aufs Feld zu den Heuballen oder ein Stück weiter, wo ein Bach floss, in dem wir manchmal spielten. Wollte ich nicht allein sein, besuchte ich die Kühe im Stall. Papa half sogar einmal dem Bauern, ein Kalb auf die Welt zu bringen. Mitten in der Nacht ist das passiert, ganz plötzlich.

Ganz plötzlich ertönt ein dumpfer Schlag. Papa und Mama schauen erschrocken in den Rückspiegel. Als ich mich umdrehe, sehe ich etwas fliegen. »Der Dachkoffer ist aufgegangen«, stellt Papa fest. »Unsere Sachen!«, ruft Mama und schlägt sich die Hände vor den Mund. »Schnell, Klaus, halt an!«

Papa wirft einen Blick in den Seitenspiegel, fährt von der Überholspur bis auf den Seitenstreifen und kommt dort zum Stehen. Er steigt aus, setzt einen Fuß auf den Rand des Fahrersitzes und zieht sich am Autodach hoch. »Verdammt!«, flucht er. »Bestimmt waren die Gurte nicht richtig zu.«

Auch ich steige aus. Meine Beine fühlen sich ein bisschen wackelig an, aber es tut gut, sie endlich auszustrecken. Vier Stunden noch, bis wir zu Hause sind. Am meisten freue ich mich darauf, Opa wiederzusehen. Bevor wir gefahren sind, habe ich ihm einen Gutenachtkuss für jede der zehn Nächte gegeben, die wir weg sein würden. Die sind jetzt aufgebraucht, also müssen wir dringend nach Hause.

Erst als ich ein paar Schritte vom Auto weglaufe, kann ich auf das Dach sehen. Papa steckt bis zu den Ellenbogen im Koffer und sieht die vom Fahrtwind durcheinandergeworfenen Klamotten durch, während Mama noch immer im Auto sitzt und auf die Hiobsbotschaft wartet.

»Anna, ich glaube, da fehlt nicht viel«, ruft Papa.

Mama schnauft laut. »Aber Normans gute Jacke habe ich fliegen sehen.« Sie steigt aus, geht ein paar Schritte und zündet sich eine Zigarette an. »Die hatten wir gerade erst für den Herbst gekauft. Der Norman braucht doch eine gute Regenjacke für den Herbst.«

Papa springt vom Fahrersitz, schlägt die Tür zu und läuft zur anderen Seite des Autos. Wortlos geht er an Mama vorbei, die gerade an ihrer Zigarette zieht.

»Wo willst du hin?«, fragt sie und bläst ihm den Rauch hinterher.

»Also zuerst gehe ich pinkeln.« Bereits im Gehen öffnet er seinen Hosenstall. »Und dann hole ich Norman die Jacke zurück.«

»Klaus, mach das nicht«, ruft Mama. Sie steht neben dem Warndreieck, das Papa aufgestellt hat, und stemmt die Hände in die Hüften. Ich stehe neben ihr und wir sehen Papa hinterher, wie er am Seitenstreifen entlanggeht. Nach vielleicht fünfzig Metern bleibt er stehen. Er dreht sich zu uns um: »Ich kann sie sehen! Zweite Spur!«

»Nein, Klaus! Das ist zu gefährlich!« Mama klingt nervös. Als bereue sie, die Jacke überhaupt erwähnt zu haben. Sie geht einen Schritt vor und doch wieder zurück. »Wir kaufen eine neue Jacke!«

»Alles im Griff!«, ruft Papa, diesmal ohne zurückzusehen. Er tritt näher an die Fahrbahn und betrachtet die heranfahrenden Autos, studiert sie regelrecht, geduldig und bewegungslos.

Ich muss an letzten Sommer denken, als eine Fledermaus durch die Balkontür in unser Wohnzimmer flog. Papa hatte sie genauso angesehen wie jetzt diese Autos. Er hatte ihre Flugbahn studiert, herausgefunden, dass sie immer die exakt selbe Schleife flog, und schließlich eine seiner Schallplatten gezückt, um sie auf Höhe des Sofas bewusstlos zu schlagen und zurück nach draußen zu tragen.

Als Papa auf die Autobahn rennt, hält Mama sich die Hände vor die Augen. Ich zucke zusammen, drücke mich an Mama, kann aber nicht wegsehen. Papa sprintet auf die zweite Spur und greift nach der Jacke – daneben. Mein Atem stockt. Ich sehe, wie sich hinter ihm Autos nähern, eins hupt und bremst. Er greift noch einmal nach der Jacke, erwischt sie diesmal, schlägt einen Haken und rennt, ohne zu gucken, über die erste Spur zurück auf den Seitenstreifen.

Der Autofahrer, der gehupt und gebremst hat, zeigt Papa im Vorbeifahren den Mittelfinger. Papa sieht es nicht. Er hält die Jacke in die Luft wie eine Trophäe, die er fast mit seinem Leben bezahlt hätte. »Anna!«, lacht er. »Du kannst die Augen wieder aufmachen.«

Mama nimmt die Hände vom Gesicht. Sie weint. »Du bist ein Idiot!«, ruft sie zurück. »Du hättest überfahren werden können! Eine neue Jacke können wir kaufen, einen neuen Vater für die Kinder nicht.«

Papa ist nun wieder bei uns angekommen, mit einem Lächeln übergibt er mir die Jacke. Sie ist furchtbar staubig, und als ich sie in den Händen halte, fühle ich mich ein bisschen, als sei ich an allem schuld. Wenn meine Jacke nicht aus dem Dachkoffer geflogen wäre, dann würde Mama jetzt nicht weinen.

»Aber es ist ja nichts passiert«, winkt Papa ab. »Und die Jacke haben wir wieder.« Er geht zum Auto, verschließt den Dachkoffer und zieht probehalber an den Gurten.

Ich gebe die Jacke an Mama weiter und sage mit zittriger Stimme: »Ich hatte richtig Angst gerade.«

Sie nimmt meine Hand. »Ich auch«, sagt sie und drückt einmal fest zu: »Ich wäre gern sauer auf ihn, so richtig stinkwütend.« Sie seufzt. »Aber so ist dein Papa eben. So war er schon, als ich ihn kennengelernt habe. So habe ich ihn geheiratet und ich bezweifle, dass er sich jemals ändern wird.«

Wir steigen zurück ins Auto. Steven sitzt noch immer an Ort und Stelle, die Beine auf der Rückbank ausgestreckt, und spielt Gameboy. Ich zwänge mich zurück an den rechten Rand, quetsche meine Beine neben die Kühlbox und schließe die Tür mit einem kräftigen Ruck.

Die restliche Fahrt über reden wir nicht viel. Der Dachkoffer bleibt zu. Mama hat meine Jacke auf dem Schoß liegen, hält sie mit beiden Händen fest und lässt sie, bis wir zu Hause ankommen, nicht los.

4

Ich bin da

27. Oktober 2001

»Können wir nach dem Spielplatz noch zur Eisdiele?« Wir schieben unsere Fahrräder über Kies und Schotter. Wenn man ein Stück am Main entlang- und aus dem Dorf herausfährt, kommt man schnell zu den Feldern. Genau hier, wo wir gerade laufen, war im August noch alles voller Mais. Inzwischen ist das Feld gepflügt und bereit für den Anbau im nächsten Jahr. Heute haben die Herbstferien angefangen, aber die Sonne scheint und Mama hat uns ohne Jacke nach draußen gelassen. »Ich weiß, der Sommer ist vorbei, aber ich hätte so Lust darauf.«

Opa lächelt, schüttelt aber den Kopf. »Wir haben noch Eiscreme zu Hause.« Wir wohnen alle im selben Haus. Es ist Opas Haus, hier hat er Mama und meine Tanten Heidi und Ilona großgezogen. Ganz allein, weil Mamas Mama gestorben ist, als Mama neun Jahre alt war. Meine Tanten sind irgendwann ausgezogen. Aber Mama hat Papa kennengelernt, der einzog, und dann kamen wir auf die Welt.

»Aber nicht in der Waffel!« Steven schaut Opa flehend an.

»Ich verstehe gar nicht, wieso man zum Eis eine Waffel haben will. Die ist doch nur hart. Eiscreme kann man einfach so lutschen, da muss man gar nicht kauen.«

»Ja, Opa, aber wir haben doch noch Zähne«, kontert Steven und stellvertretend für ihn schlage ich mir die Hand vor den Mund. Er kichert: »Ich wollte nicht gemein sein! Kriege ich trotzdem ein Eis?«

»Ich habe auch noch Zähne!« Opa klopft mit dem Zeigefinger auf sein Gebiss und lacht. »Zumindest tagsüber.« Und dann lachen wir alle.

Letzte Woche waren Opa, Steven und ich bei der Schiffsschleuse am anderen Ende des Dorfes. Wir sind jedes Wochenende mit dem Rad unterwegs, seit ich letzten Monat den Fahrradtest in der Schule bestanden und meinen Wimpel bekommen habe. Am Morgen davor war ich furchtbar aufgeregt gewesen, weil mir Radfahren schon immer ein bisschen Angst gemacht hat und ich noch nie sonderlich gut darin war. Meine Klasse und ich stiegen also in diesen Bus zum Testgelände und mein Bauch tat ganz schlimm weh. Um uns Glück zu wünschen, spielte der Busfahrer »Daylight In Your Eyes« von den No Angels, und das half ein bisschen, weil das gerade mein Lieblingslied ist. Geprüft wurden wir von zwei echten Polizisten, alle nacheinander. Als ich dran war, habe ich gezittert und bin deshalb ganz wackelig losgefahren, und einmal bin ich fast vom Rad gefallen, als ich am Stoppschild stehen bleiben musste. Am Ende habe ich nur knapp bestanden und die Polizisten meinten, dass ich in den nächsten Wochen ganz viel üben müsse.

»Seht ihr die Hagebutten dort drüben?« Opa stellt sein Rad ab. Er deutet auf ein paar Sträucher am Wegrand, die vor einer großen Kastanie stehen. Der Boden ist voller Laub und grün-brauner Schalen mit Spitzen. Die Sträucher sehen ein bisschen welk aus und haben ebenfalls Dornen.

»Hagebutten sind die mit dem Juckpulver drin, oder?«

»Ja, genau!« Ein Grinsen liegt auf seinem Gesicht, er tippelt von einem Fuß auf den anderen und kurz kommt es mir vor, als wären wir gleich alt. »Damals in der Volksschule haben wir die immer in den Händen zerdrückt und den Mädchen hinten ins T-Shirt gesteckt. Da haben die sich gekratzt und geschrien wie verrückt!«

Sofort greift Steven nach einer Hagebutte, um sie vom Strauch zu rupfen.

Opa hält seine Hände schützend vor die Pflanze. Sie sind groß, mit dicken Adern übersät und rau vom vielen Arbeiten im Garten.

»Wenn du vom Strauch zupfst, halte immer die Pflanze fest, damit du sie nicht entwurzelst oder die Zweige beschädigst.« Er umfasst eine Frucht mit Zeigefinger und Daumen, hält den Strauch mit der anderen Hand fest und macht es ihm vor. »Im Herbst sind die Früchte noch fest.« Er knackt die Fruchtschale mit den Fingernägeln, entfernt das Innere und streckt Steven und mir jeweils eine Hälfte hin. »Die Härchen sind das, was so juckt.«

Ich nehme die halbe Hagebutte aus Opas Hand und esse sie. Sie schmeckt süß und auch ein bisschen sauer. Die Marmelade, die ich kenne, ist süßer. »Ich weiß nicht«, sage ich.

Steven beobachtet mein Gesicht genau und gibt seine Hälfte an Opa zurück, der sie sich in den Mund steckt, ein Stofftaschentuch aus seiner Hemdtasche zieht und damit seine Fingernägel säubert. Das Taschentuch und seinen Kamm hat Opa immer dabei. Hemd trägt er eigentlich jeden Tag, dazu Hosenträger und ordentlich geputzte Schuhe. Selbst wenn er im Garten arbeitet. »Wisst ihr überhaupt, was Hagebutten sind?«, fragt er und kaut dabei noch.

Ich zucke mit den Schultern. Keiner weiß so gut über Pflanzen Bescheid wie Opa. In seinem Wohnzimmer hat er ein ganzes Regal voller Pflanzenbücher. Aber er sieht nie hinein. Weil er alles schon weiß.

»Das sind die Früchte der Rosenpflanzen«, erklärt er.

»Rosen«, sage ich. Und eine Sekunde später: »Ich habe gerade Rosen gegessen?«

Ich stehe auf dem Klettergerüst. Vor mir führt eine silberne Metallstange nach unten in den Sand. Als mein Bruder daran herunterrutschte, sah das total einfach aus. Seit ich selbst davorstehe, die Füße am Abgrund, habe ich das Gefühl, in eine Schlucht zu blicken. Am Boden der Schlucht steht Opa und sieht zu mir hinauf. »Komm, Normi, einfach mit beiden Händen festhalten und rutschen wie ein Feuerwehrmann.«

»Norman, wollen wir auf die Wippe?«, ruft Steven ein paar Meter weiter. Seine Stimme klingt metallisch. Er sitzt in einer der Röhren, die durch den Hügel führen. Ich gehe da nie rein. Jugendliche treffen sich dort und schreiben gemeine Worte und Telefonnummern an die Wände.

»Ich traue mich nicht. Das ist so hoch!«, rufe ich zurück.

Opas Kopf ist auf der Höhe meiner Füße. Er umfasst meinen Knöchel mit seiner Hand. »Guck mal, das ist gar nicht hoch. Ich komme locker an deine Füße!«

»Nicht runterziehen!« Panisch versuche ich, Opas Hand von meinem Fuß zu schütteln.

»Norman!«, ruft Steven wieder. Er sitzt bereits auf der Wippe. Die andere Seite ragt einsam in die Luft.

»Ich traue mich nicht, habe ich gesagt!«, brülle ich und spüre, dass ich den Tränen nahe bin. »Ich kann doch nichts dafür, dass ich mich nicht traue!«

Steven verdreht die Augen. »Du bist so ein Angsthase.«

Er hat ja recht. Ich habe vor vielen Dingen Angst. Vorm Fahrradfahren hatte ich lange Angst. Und davor, von Mama getrennt zu sein. Vorm Schwimmen ohne Taucherbrille habe ich Angst. Vor den Monstern in Stevens Videospielen. Vor dem Monster, das sich in meinem Schrank versteckt. Und vor den Kindern in der Schule. Zumindest vor denen, die nicht in meine Klasse gehen.

»Nicht weinen, okay?«, sagt Opa. »Du musst ja nicht an der Stange runter. Vielleicht nächstes Mal, und heute nimmst du einfach die Rutsche.«

Ich ziehe die Nase hoch und wische mir die feuchten Augen mit dem Ärmel meines Pullovers trocken. »Ich weine ja gar nicht«, murmle ich, setze mich auf die sandigen Holzbalken und lasse die Beine vom Klettergerüst baumeln. Noch einmal sehe ich nach unten. »Wenn man sitzt, sieht es auch gar nicht mehr so hoch aus.«

Opa trommelt mit den Fingern auf meinen Knien. »Von oben sieht alles immer viel schlimmer aus. Willst du es doch versuchen? Komm!« Er breitet die Arme aus.

»Und wenn ich falle?«

»Dann fange ich dich auf. Ich bewege mich keinen Millimeter, bevor du nicht sicher auf dem Boden stehst, ja? Dir passiert nichts.«

»Wirklich?«

Er nickt. »Ich bin da.«

Seit ich klein bin, sehe ich Opa jeden Tag. Manchmal meckert er, wenn man nicht aufisst oder das Licht nicht hinter sich ausmacht. Dann erzählt er von früher, dass sie keinen Strom hatten und keine Heizung und sich die vom Kamin gewärmten Backsteine ans Bettende legen mussten, um nachts nicht zu frieren. Aber viel öfter ist er einfach da. Wenn mir langweilig ist zum Beispiel, wenn ich mich mit Steven gestritten habe oder wenn ich traurig bin. Dann spielen wir Karten zusammen oder schauen fern. Ich turne auf der Couch umher, er hält seinen Arm wie eine Reckstange und ich mache Purzelbäume darum, während er sich über die Politiker im Ersten aufregt. Oder wir liegen nur so herum, er die Füße auf dem Tisch und ich den Kopf auf seiner Brust.

»Nur Mut.« Er lächelt mit dem Lächeln, das nur mein Opa lächeln kann. So lächelt er, wenn er Ende Februar durch seinen Garten geht und die ersten Blumen blühen sieht. So lächelt er, wenn er Geschichten von früher erzählt. So lächelt er, wenn ich ihm einen Gutenachtkuss gebe. »Ich bin da«, sagt er wieder und ich weiß, dass es stimmt. Dass es immer stimmen wird.

Ich umfasse die Stange fest mit beiden Händen, schließe die Augen und stoße mich von der Plattform ab. Als ich in der Luft hänge, bewege ich mich keinen Millimeter.

»Du musst schon ein bisschen lockerlassen, sonst hängst du morgen noch da oben.«

Ich öffne die Augen einen Spaltbreit. Opa steht direkt unter mir wie angekündigt. Ein bisschen lasse ich die Hände also locker und rutsche unter Quietschen Stück für Stück an der Stange hinab. Als meine Füße den Sand erreichen, stehe ich direkt vor Opa. Ich sehe meine Hände an, die Stange hinauf und wieder zu ihm. »Ich hab's geschafft!«, rufe ich ungläubig und schlinge meine Arme um seinen Bauch. »Ich hab's wirklich geschafft!«

»Das hast du toll gemacht.« Mit seinen großen Händen streicht Opa zuerst durch meine Haare, dann über meinen Rücken. »Und ich musste gar nicht helfen.«

»Nicht bewegen!« Ich lasse von ihm ab, renne zur anderen Seite des Gerüsts und klettere an ein paar Sprossen wieder nach oben. »Ich will noch mal!«

5

Das beste Mixtape der Welt

03. Januar 2002

»Das bist du?« Ich starre ungläubig auf das Foto in meiner Hand. Es ist verstaubt, ein Polaroid mit Rotstich. Papa steht in Unterwäsche und eingeölt auf einem Siegertreppchen, streckt die Arme in die Luft und spannt die Muskeln an. Sein ganzer Körper scheint aus Muskeln zu bestehen. Er grinst in die Kamera. »Das bist nicht du«, beschließe ich.

Papa grinst wie auf dem Foto und streicht mit dem Daumen darüber, um den Staub von seinem Kopf zu wischen. »Deutsche Bodybuilding-Meisterschaften 1994. Ich bin Zweiter bei den Junioren geworden.« Er deutet auf die Person neben sich, die in der Mitte des Treppchens steht. »Der Typ war eigentlich eine Gewichtsklasse höher. Für den Wettbewerb hat er gerade so viel Gewicht verloren, dass er mitmachen durfte. Wäre es fair gelaufen, hätte ich gewonnen.«

»Das kannst nicht du sein«, sage ich wieder und trotzdem erkenne ich Papa zweifelsfrei. Zwischen all den Muskeln trägt sein Gesicht denselben Schnurrbart und das gleiche selbstbewusste Lächeln.

»Da hinten müssten …« Papa kämpft sich zwischen einem kaputten Heimtrainer, ein paar Holzlatten und einer Kiste mit Altglas hindurch, um zum hinteren Teil des Schuppens zu gelangen. »Tatsächlich, hier sind noch meine Gewichte.« Er hebt eins hoch, befreit es von Spinnweben und sieht in meine Richtung. »Hier, fang.«

Ich springe ruckartig einen Meter zurück.

Papa lacht. »Ich mache doch nur Spaß.« Dann steigt er wieder am Heimtrainer vorbei und kommt zu mir. »Aber ernsthaft, versuch doch mal, das zu heben.«

Ich lege das Foto ab und nehme das Gewicht, das Papa scheinbar spielend leicht in seiner Linken trägt, mit beiden Händen entgegen. Als er loslässt, reißt das Gewicht mich bis auf die Höhe meiner Schienbeine nach unten und fällt nur unter größter Anstrengung nicht zu Boden. Ich keuche: »Total leicht.«

Eben war ich noch allein im Schuppen und habe nach Beweisen gesucht. Ich bin heute ein Detektiv, der einen Fall aufklären muss. Welchen, das weiß ich noch nicht, aber die ersten Hinweise hatte ich schon gefunden: Fingerabdrücke am Fenster zur Küche und ein paar Sägespäne direkt vorm Hoftor. Papa kam irgendwann rein, weil er den Restmüll rausbrachte. Es ist Donnerstag und eigentlich arbeitet er um diese Zeit, doch über die Weihnachtsferien hat er sich Urlaub genommen. Ihn in Jogginghose zu sehen, ist ungewohnt. Am häufigsten sehe ich ihn vor oder nach der Arbeit, wenn er seine Cordhose mit den vielen Taschen anhat, ein weißes, immer schmutziges T-Shirt und dazu die schwarze Weste. Als er gerade zurück ins Haus wollte, fand ich mein nächstes Beweisstück: ein staubiges Fotoalbum, das ich aus einer Schublade unseres alten Küchenschranks zog, der inzwischen im Schuppen steht. Als ich das Album öffnete, fiel mir das Foto entgegen.

Papa blättert um, sieht sich beide Seiten an und deutet auf ein Foto, das ihn als Kind zeigt. »Ich weiß noch, dass der Junge neben mir in meine Klasse ging, aber seinen Namen habe ich vergessen.« Er hält das Foto näher ans Gesicht, als könne er den Namen des Kindes von dessen Lippen lesen, wenn er nur genau hinsähe. »Kennst du die Geschichte, wie ich mein Auge verloren habe?«, fragt er dann, steckt das Foto zurück ins Album und blättert weiter.

Ich schüttle den Kopf. Papas linkes Auge ist aus Glas, das weiß ich, weil er das richtige bei einem Unfall verloren hat, als er noch klein war. Er hat jedoch nie erzählt, was genau passiert ist.

»Hier!«, ruft Papa und zieht ein Bild hinter dem schützenden Plastik hervor. Es ist ein Klassenfoto. »Hier oben. Mit diesen Jungs hatte ich gespielt.« Er gibt es mir in die Hand, damit ich es näher betrachten kann.

Ich zähle siebenundzwanzig schwarz-weiße Kinder. Hinten stehen die Jungs, in der vorderen Reihe sitzen die Mädchen. Sie tragen Kleider und überschlagen die Beine. »Was hattet ihr denn gespielt?«

»Wir waren draußen im Wald und haben uns mit Stöcken bekämpft. Und er hier, der Linke«, er deutet auf einen Jungen mit ungekämmtem Haar, der spitzbübisch in die Kamera guckt. Papa steht direkt neben ihm, den Blick zur Seite gerichtet, die Hände in den Hosentaschen vergraben. »Er hat einmal zugehauen, als ich nicht damit gerechnet hatte. Und zack – da hatte ich den Stock im Auge.«

Ich ziehe scharf die Luft ein. »Aua.«

Doch Papa hat schon weitergeblättert, springt von Erinnerung zu Erinnerung. »Oh, das hier ist …«, sagt er und klingt überrascht. »Ich hatte vergessen, dass es ein Foto von uns allen gibt.« Papa steht in einem schwarz-weißen Vorgarten. Hinter ihm halten sich zwei Erwachsene an der Hand, neben ihm sind weitere Kinder aufgereiht, die mehr oder weniger in die Kamera schauen. Diesmal zählt Papa: »Alle fünf«, stellt er fest. »Das sind tatsächlich alle.«

Papa hat fünf Geschwister: einen Bruder und vier Schwestern. Alle, außer einer Schwester, die in Kalifornien wohnt, leben noch heute in dem Dorf, in dem Papa aufgewachsen ist. Ich sehe sie nie. Genauso wenig wie deren Kinder, meine Cousins und Cousinen. Nur Oma und Opa sehe ich alle paar Wochen. Es fühlt sich komisch an, einen weiteren Mann »Opa« zu nennen. Ich kenne ihn gar nicht richtig und habe ihn zwar lieb, aber eben nicht so lieb wie meinen Opa hier. Jedenfalls fahren wir manchmal freitags nach der Schule zu ihnen. Die Autofahrt dauert lange und eigentlich spielen Steven und ich nur draußen im Garten, während Mama und Papa mit Oma zusammen Kaffee trinken und Opa lieber allein fernsieht. Das Haus ist viel zu groß für zwei Personen. Manchmal streifen Steven und ich durch den unbenutzten ersten Stock oder den Keller. Wir tun dann so, als ob wir Geisterjäger wären oder Schatzsucher, die ein schon lange leerstehendes Haus entdeckt haben. Dabei steht das Haus gar nicht leer. Es fühlt sich nur so an.

»Vermisst du deine Geschwister, Papa?«, frage ich, doch er blättert wortlos weiter.

»Hier habe ich meine allererste Platte gekauft.« Papa trägt sie unterm Arm und blickt stolz in die Kamera. Diesmal hat das Foto Farbe. Papa ist kein Kind mehr, doch wie heute sieht er auch nicht aus. Ich brauche einen Moment, dann fällt mir auf, dass es am fehlenden Schnurrbart liegt. »Weißt du, auf was ich jetzt Lust habe?«

»Deinen Schnurrbart abrasieren?«, frage ich.

Papa lacht, schüttelt aber den Kopf. »Nein.« Er klappt das Fotoalbum zu und legt es auf den Absatz der Treppe, die zu seiner Werkstatt führt. »Ich hole mir schnell ein Bier aus dem Keller«, sagt er und verlässt den Schuppen. »Und dann wird es Zeit für deine allererste Platte.«

Die Werkstatt ist Papas Rückzugsort, sein ganzer Stolz. Er hat sie selbst über dem Schuppen aufgebaut, Stück für Stück und über Monate hinweg. Die Wände sind innen aus Holz und außen geschiefert. Als Bodenbelag dient grüner Vliesstoff, das Dach hat er selbst gedeckt. Eine Treppe führt vom Schuppen hinauf, jede Stufe ist selbst zusammengebaut, abgeschliffen und eingesetzt. An der linken Wand stehen ein paar Kisten vor einem Fenster, aus dem man bis tief in den Garten sehen kann. Die restlichen Wände sind vollständig mit Arbeitsflächen und Regalen ausgefüllt. Werkzeug stapelt sich darin, ich sehe lose Ziegel, Reste von Tapete und weiße Farbeimer. In den Fächern vermute ich Nägel, Schrauben und allen möglichen Kleinkram. Die Seite, die zum Hof zeigt, steht voll mit Geräten. Ich erkenne einen Plattenspieler, zwei Lautsprecher, den Kassettenrekorder.

In den Regalen links und rechts davon reihen sich Hunderte Schallplatten aneinander.

Papa will sein Bier aufmachen, findet weder Öffner noch Feuerzeug und setzt die Flasche kurzerhand an der Regalkante an. Mit dem Handballen schlägt er auf den Kronkorken und rutscht ab: »Das darf doch nicht Warstein!«, flucht er, lacht und gibt sich selbst zur Antwort: »Aber Licher doch!« Er setzt die Flasche wieder an, haut noch einmal drauf und diesmal zischt es laut.

Papa trinkt den Schaum ab, sieht zuerst mich an und dann die Geräte. »Also, grob erklärt«, sagt er und macht mit den Händen eine kreisende Bewegung, »ist alles mit allem verbunden.« Er deutet auf ein flaches Gerät im mittleren Regal. »Der Verstärker ist so eine Art Schaltzentrale. Er verbindet die Zuspieler, also den Plattenspieler, den CD-Player und den Kassettenrekorder, mit den Lautsprechern und dem Mischpult.« Papa klappt den Glasdeckel des Pults hoch, um eine Fläche mit Hunderten Knöpfen und Reglern freizulegen. »Wenn wir jetzt eine Platte abspielen und gleichzeitig den Kassettenrekorder auf Aufnahme stellen«, Papa öffnet das Kassettenfach und legt eine unbeschriebene Kassette ein, »können wir Stück für Stück ein eigenes Mixtape erstellen.« Zielsicher zieht er eine Platte aus dem Regal und legt sie auf. »Elvis Presley, ›Love Me Tender‹«, erklärt er. »Die nächste suchst du aus.«

Ich gehe die Platten mit zwei Fingern durch und ziehe die heraus, deren Cover mir gefällt. Am meisten ist von Michael Jackson und Elvis dabei, die mag Papa am liebsten. Er steht neben mir und wann immer ich eine Schallplatte aus dem Regal ziehe, erzählt er mir etwas darüber. Ich ziehe »Daddy Cool« von Boney M., weil drei der vier Bandmitglieder einen Afro tragen. Als Nächstes wähle ich »Girl You Know It's True« von Milli Vanilli, weil die Gesichter der beiden dunkelhäutigen Männer so finster dreinblicken.

»Stell dir vor«, setzt Papa an, »während einer Live-Show von Milli Vanilli stellte sich heraus, dass die beiden überhaupt nicht selbst singen.«

»Wie das denn?«, frage ich.

Er erklärt: »Die Platte hängte sich auf, spielte die gleichen Takte immer wieder. Doch Fab und Rob, die Frontmänner der Band, hatten keine Ahnung davon und bewegten die Lippen wie gewohnt weiter.« Beim Gedanken an die Show muss Papa lachen. »Als sie bemerkten, was passiert war, rannten sie einfach von der Bühne.«

Ich ziehe »Smooth Criminal«. Auf dem Cover trägt Michael Jackson einen weißen Anzug und den passenden Hut. Er steht vor einem Regenbogen, sieht zu Boden und streckt die Hand in den Himmel. Im Hintergrund schwebt sein riesiges Gesicht durch die Dunkelheit.

Papa nimmt mir die Platte aus der Hand: »Im Musikvideo macht Jackson diesen unfassbaren Move, bei dem er sich fünfundvierzig Grad nach vorn lehnt, ohne umzufallen.« Mit seinem Arm zeigt er mir, wie viel das ist.

»Was der kann, kann ich schon lange!« Ich springe auf, stelle die Füße direkt nebeneinander und lehne mich langsam nach vorn. Papa sieht mir zu, nimmt hier und da einen Schluck von seinem Bier. Auf halbem Weg verliere ich das Gleichgewicht, wirbele mit den Armen und fange mich mit einem großen Schritt nach vorn ab.

Papa lacht, als hätte er es kommen sehen. »Einige behaupten, Jackson könne das, weil er die nötige Bauch- und Rückenmuskulatur dazu habe. Aber wenn du mich fragst, hat er irgendwie getrickst.«

Ich höre Papas Geschichten gebannt zu. Ab und an legen wir eine der Platten auf und spielen sie ab. Er erzählt dann, wann er den Song zum ersten Mal gehört hat. Auf der ersten Fahrt in seinem ersten Auto zum Beispiel, am letzten Tag seiner Lehre oder an dem Abend, als er Mama kennengelernt hat. Dann suche ich weiter, ziehe neue Platten hervor. Ich sage: »Und die hier? Was ist mit der hier?« Und dann beginnt alles von vorn. Stunden später schaltet Papa die Geräte ab und ich halte eine fertige Kassette in der Hand. Achtzehn Songs auf der A-Seite, neunzehn auf der B-Seite.

»Fast vergessen«, sagt Papa und nimmt mir die Kassette wieder aus der Hand. Er kramt in einer Schublade, zieht einen Filzstift heraus, zieht die Kappe mit den Zähnen ab und beginnt zu schreiben. Als er mir die Kassette zurückgibt, grinst er.

»Das beste Mixtape der Welt«, steht auf Seite A.

6

Dich hat Papa lieber als mich

18. Mai 2002

»Aquaknarre!«, rufe ich und spritze Steven einen Schwall Wasser entgegen.

Bevor es ihn erreicht, ruft er »Schaufler!« und taucht unter. Schaufler ist eine Attacke, bei der man in der ersten Runde abtaucht, um in der zweiten Runde einen Überraschungsangriff von unten zu starten.

Ich sehe Steven in meine Richtung tauchen, renne schwerfällig durchs Wasser in Richtung Leiter und klettere, so schnell ich kann, aus dem Pool.

Keuchend stehe ich am Beckenrand, als Steven auftaucht: »Unfair, wir haben gesagt, nicht aus dem Pool!«

»Dann komme ich halt wieder rein!« Ein paar Schritte gehe ich zurück, um Anlauf zu nehmen. Während ich renne, rufe ich: »Mach dich gefasst auf einen Risikotackle!« Vom Beckenrand springe ich auf Steven zu, lande jedoch weit daneben.

Er sieht mich schulterzuckend an. »Die Attacke ging daneben, schätze ich.« Und dann fängt er an zu lachen. Ich fange auch an zu lachen und wir lachen gemeinsam, bis uns der Bauch wehtut.

»Norman«, ruft Opa, der am Hasenkasten steht und mit einer Mistgabel das dreckige Heu in eine Schubkarre kratzt. Putzi und Winnifred, die beiden Meerschweinchen, die darin leben, sitzen neben ihm im Freigehege und fressen das Gras. Papa hat sie vor ein paar Wochen mitgebracht, ganz aus dem Nichts, den Kasten dazu und ein Häuschen, auf das Steven und ich mit Filzstift ihre Namen geschrieben haben. Während wir uns total gefreut haben, weil wir noch nie ein Haustier hatten, haben Mama und Opa geschimpft, weil Papa die beiden vorher nicht gefragt hatte. Opa hat dann gesagt, Papa würde nicht nachdenken, bevor er Dinge macht, und dann haben sie laut gestritten. Damit sich alle vertragen, haben Steven und ich versprochen, die Meerschweinchen jeden Tag zweimal zu füttern und einmal die Woche ihren Stall sauberzumachen. Manchmal vergessen wir das, dann übernimmt Opa, weil er das nie vergisst. Und ich glaube, auch wenn er sie anfangs nicht wollte, hat er Putzi und Winnifred inzwischen richtig lieb gewonnen.

»Norman!« Diesmal ruft Opa lauter. Dann seufzt er: »Du sollst dir doch die Füße abwaschen, bevor du in den Pool gehst. Wenn du vom Beckenrand reinspringst, bringst du den ganzen Dreck mit rein.«

Opa hält auch den Pool sauber. Im Wasser treiben zwei Behälter, die er regelmäßig mit Chlortabletten bestückt. Wenn Dreck auf der Wasseroberfläche schwimmt, fischt er ihn mit dem Kescher raus. Vor der Leiter steht ein kleines Becken, das mit Wasser gefüllt ist. Darin sollen wir unsere Füße abwaschen, bevor wir schwimmen gehen. Wir machen das auch meistens, damit Opa nicht schimpft, aber wenn ich Spaß habe, vergesse ich das manchmal.

»Ja, Norman, du sollst dir doch die Füße abwaschen!«, neckt Steven mich.

Ich schiele zu ihm rüber. Er grinst schelmisch und ich grinse zurück. Dann rufe ich: »Sorry, Opa! Kommt nicht wieder vor.« Der Pool ist ihm wichtig, das weiß ich. Er, Mama, Tante Ilona und Tante Heidi haben ihn vor zwanzig Jahren selbst ausgehoben. Das hat bestimmt sehr lange gedauert und viel Anstrengung gekostet.

Opa nickt stumm, zieht die Schubkarre ein paar Schritte rückwärts, dreht und steuert zwischen den Beeten hindurch in den hinteren Teil des Gartens, um sie dort auf dem Komposthaufen zu leeren.

Ich wende mich Steven zu: »Als Nächstes will ich Glumanda sein oder Glurak!«

»Wir sind im Wasser«, antwortet er, lässt sich nach hinten fallen und auf dem Rücken treiben. »Wasserattacken sind sehr effektiv gegen Feuer-Pokémon«

Meine Haut ist ganz schrumpelig, weil wir schon so lange im Wasser sind. »Dann eben Turtok.« Manchmal vergessen wir beim Spielen die Zeit. Wie letzten Frühling, als wir aus alten Schränken und Stühlen, leeren Kartons, ein paar Decken und dem Trampolin einen Roboter nachgebaut haben, wie die Power Rangers. Oder letzten Herbst, als wir den Hof in eine Stadt mit Straßen und Verkehrsschildern verwandelt haben. Wir haben ein elektrisches Auto, ungefähr so groß wie ich, mit dem man richtig fahren kann. Weil nur einer hineinpasst, haben wir mit einem Seil ein Bobbycar hintendran gebunden, auf das ich mich gesetzt habe. Während der Fahrt hat sich das Seil gelöst, Steven hat nichts bemerkt und ist einfach ohne mich weitergefahren. Ich glaube, ich hatte vorher noch nie so laut gelacht.

»Hydropumpe!«, rufe ich mit tiefer Stimme, umfasse mit den Händen den Beckenrand hinter mir und strample mit den Beinen so fest, wie ich kann. Für kurze Zeit sieht das Wasser aus wie ein Whirlpool.

Steven wirft sich getroffen zurück, ächzt, kommt aber wieder hoch. »Das wirst du bereuen!«, zischt er bedrohlich. Er läuft durchs Wasser auf mich zu. »Bodyslam!« Dann packt er meine Schultern und drückt mich unter Wasser.

Damit habe ich nicht gerechnet. Ich kann meine Augen nicht rechtzeitig schließen. Wasser dringt durch meine Nase in den Mund ein, nicht wenig davon verschlucke ich. Mit aller Kraft will ich auftauchen, kann Stevens Gewicht auf meinen Schultern aber nicht stemmen. Nach ein paar Sekunden lässt er von mir ab. Als ich auftauche, ringe ich nach Luft. Meine Augen sind zugekniffen, Chlor brennt auf meiner Netzhaut. Ich ertaste den Beckenrand und kralle mich daran fest. Dann fange ich an zu husten und spucke all das Wasser, das ich geschluckt habe, auf die Gehwegplatten.

Steven steht neben mir, legt seine flache Hand auf meinen Rücken und klopft. »War keine Absicht.«

»Du weißt genau, dass ich nicht gut unter Wasser bin ohne meine Taucherbrille!« Vorsichtig öffne ich die Augen und sofort brennt das Chlor wieder.

»Ist doch nur Wasser«, sagt Steven.

»Aber es tut weh und ich hatte Angst!« Ich denke an die Sekunden unter Wasser und daran, wie schwach und hilflos ich mich gefühlt habe. »Hol Mama!«

Er zieht die Hand von meinem Rücken und stapft zur Leiter hinüber. »Ich hole Mama. Aber du bist ein ganz schönes Sensibelchen.«

»Nein, bin ich nicht!«, entgegne ich sofort. Ich hasse es, wenn er mich so nennt. Das macht er immer, wenn wir uns streiten. Wenn ich wütend werde, Angst habe oder weine. Dabei kann ich doch nichts dafür. »Sag das nicht immer!«, brülle ich ihm entgegen. Ich spüre die Wut in mir aufkommen und mit ihr die Tränen.

Oben auf der Leiter bleibt Steven stehen und sieht auf mich herab. »Du heulst bei jedem Scheiß.«

»Nein, tue ich nicht!« Die Tränen fließen unaufhörlich, während ich lauthals schreie: »Maamaa!« Noch einmal: »Maaamaa!«

In diesem Moment kommt Papa aus dem Haus gelaufen. »Was ist denn hier los?«, ruft er uns entgegen. Als er am Beckenrand ankommt, geht er in die Knie und legt mir eine Hand auf den Kopf. Dann fragt er an Steven gerichtet: »Warum weint dein Bruder?«

Bevor dieser antworten kann, schluchze ich: »Steven hat mich unter Wasser gedrückt.«

»Das war …«, setzt Steven an, doch Papa fällt ihm ins Wort.

»Stimmt das?«, fragt er streng.

»Ja, aber das war …«, versucht Steven zu erklären und wird abermals unterbrochen.

»Dann entschuldige dich gefälligst bei deinem Bruder.«

»Du lässt mich ja gar nicht ausreden!«, brüllt Steven.

»Das reicht! In diesem Ton kannst du mit deinen Klassenkameraden reden, aber nicht mit mir!«, brüllt Papa zurück. »Du entschuldigst dich jetzt bei deinem Bruder!«

»Es war doch keine Absicht!«

»Schluss jetzt!«

Und dann ist für einen Moment alles still. So still, dass man die winzigen Wellen hören kann, die an den Beckenrand schlagen. Dass man hören kann, wie die Tropfen, die von meinen Haarspitzen fallen, auf der Oberfläche des Wassers aufschlagen. Ich halte die Luft an.

Steven flüstert: »Das machst du nur, weil Norman der Kleine ist, dein Lieblingskind.« Dann sieht er mich an: »Dich hat Papa lieber als mich.«

Ich sehe nach unten. Die Gehwegplatten sind nass vom Poolwasser. Ich denke an den Tag, als Papa mit mir Musik aufgenommen hat, und all die Mixtapes, die er mir seitdem geschenkt hat und die ich zum Einschlafen auf meinem Kassettenspieler höre. Ich denke daran, wie Papa eines Abends von der Arbeit nach Hause kam und für jeden von uns etwas mitgebracht hatte. Mich nahm er zuerst beiseite und zeigte mir zwei Diddl-Sparschweine: Eine Diddl-Maus auf einer riesigen Schnecke, zwei Diddl-Mäuse auf einer traurig dreinblickenden Ente. Er sagte: »Du darfst dir zuerst eins aussuchen.«

»Das ist Unsinn«, antwortet Papa. »Und jetzt vertragt euch.« Dann dreht er sich um und geht zurück ins Haus.

Ich sehe Steven an: Er weint nicht. Er steht noch immer auf der Leiter, starrt aufs Wasser und guckt so traurig drein wie das Diddl-Sparschwein, das er in zweiter Wahl bekommen hat. »Tut mir leid«, sage ich.

Er sagt nichts.

7

Ein bisschen wie das Leben

07. September 2002

Hier in Frankfurt ist alles so groß und es gibt von allem so viel. So viele Häuser und Menschen. In dem Dorf, in dem ich lebe, ist alles viel übersichtlicher. Wir haben eine Grundschule, eine kleine Kirche, ein Schwimmbad. Wir haben die alte Frieda von gegenüber, die immer aus dem Fenster schaut und mit den Leuten redet, die am Gehweg vorbeikommen. Ihr Sohn ist schon erwachsen, letztes Jahr war er in Amerika und hat uns Kaugummi mitgebracht. Ich glaube, in Frankfurt bringt niemand Kaugummi mit. Hier kennt man die Nachbarin nicht und schon gar nicht den Sohn, weil es so viele davon gibt. Die Grundschule kann man sich frei aussuchen, die Kirchen sind höher und ihre Glocken lauter. Und die Schwimmbäder haben einen Whirlpool, eine Sauna und manchmal Rutschen.

Die Sonne geht allmählich hinter einer dicken Wolkenschicht unter, doch die Lichter der Fahrgeschäfte erhellen den Festplatz. Die Dippemess sei die größte Kirmes der ganzen Rhein-Main-Region, hat Papa im Auto gesagt, und sie sei uralt, noch viel älter als er. Mama hat Handschuhe eingepackt, der Wind ist nämlich ganz schön kühl, aber meine Hände sind warm, weil Mama die linke hält und Papa die rechte. Steven läuft ein paar Schritte voraus. Auf seinen Schultern sitzt ein Plüschteddybär, der mindestens so groß ist wie er. Obwohl er ihn mit beiden Händen festhält, wackelt sein Kopf mit jedem Schritt von links nach rechts und wieder zurück.

Wir kommen gerade von der Losbude. Die war riesengroß, doppelt so groß wie alle anderen Stände und wahrscheinlich nur, damit die ganzen Preise reinpassen, die man gewinnen konnte. Von der Decke hingen in Grüppchen Plüschtiere herab, die Wand sah aus wie eine Treppe und jede Stufe reihte andere Spielzeuge und Süßigkeiten auf, je nach Punktzahl, die man per Los gezogen hatte. An der Frontseite hingen riesige Lollis und Popcorntüten so groß, dass nicht mal Onkel Wolfgang sie hätte essen können. Und der bestellt sich, wenn wir an Geburtstagen ins Restaurant gehen und alle schon satt sind, immer noch einen großen Wurstsalat nach. Zehn große Boxen, randvoll mit gelben Losen, standen am vorderen Bühnenrand. Auf der Bühne lief ein Mann im gelben Anzug umher, der die immer gleichen Sätze in ein Mikro brüllte: »Keine Nieten!«, »Jedes Los gewinnt!«, »Ein Hauptgewinn in jeder Box!«

Da wurde Papa hellhörig, ging zu ihm hin und fragte: »Ein Hauptgewinn in jeder Box?«

Der Verkäufer rief daraufhin in sein Mikro: »Ob ein Hauptgewinn in jeder Box steckt? Und wie ein Hauptgewinn in jeder Box steckt! Ein Hauptgewinn in jeder Box!«

Und Papa zückte sein Portemonnaie und sagte: »Dann nehme ich die ganze Box.«

Da ist dem Verkäufer die Kinnlade bis zum Boden gefallen und er sagte gar nichts mehr.

Nur Mama stöhnte: »Muss das sein, Klaus? Übernächste Woche fängt das neue Schuljahr an und die Kinder brauchen allerhand Hefte und Stifte.«

Bestimmt eine Stunde lang standen wir vor der Bude und machten unsere Lose auf. Irgendwann ging das wie von allein: linker Rand, rechter Rand, aufrollen. Linker Rand, rechter Rand, aufrollen. Nieten waren tatsächlich nicht dabei, aber ganz oft »1 Punkt« und das ist fast dasselbe. Unter uns türmten sich die gelben Papierschnipsel zu einem Berg auf. Dann erwischte ich das Los, auf dem »Hauptgewinn« stand, und streckte es aufgeregt in die Luft: »Papa, ich hab's!«

Der Mann im Anzug nahm mir das Los ab, rief »Hauptgewinn! Hauptgewinn!« in sein Mikrofon und deutete über sich, wo die großen Plüschtiere von der Decke hingen. »Du hast freie Auswahl, Kleiner.« Das stimmte zwar nicht, weil Steven auch einverstanden sein musste, aber das wusste der Verkäufer ja nicht und wir einigten uns schnell auf einen Teddybären, der ein Kleid mit Blumen trägt. Für den Rest der Punkte durften wir uns Kleinigkeiten aussuchen: Seifenblasen, auf denen »Dippemess 2002« steht, zwei kleine Wasserpistolen, Tattoos von Tieren in Afrika, ein Säbel aus Plastik. Nur knapp passte alles in Mamas Handtasche.

Wir laufen an einem Schießstand vorbei und an einer Bude, in der man Enten mit Plastikangeln aus kleinen blauen Becken ziehen muss. Ich darf Dosen werfen, verfehle die ersten zwei Würfe und gebe an Papa ab, der mit dem letzten Ball genau in die Mitte trifft. Trotzdem bleibt links und rechts jeweils eine Dose stehen. Zum Trost kaufen wir Zuckerwatte und gehen weiter. Mama drückt meine klebrige Hand, als links von uns ein paar Leute schreien, die gerade kopfüber hängen. Nichts für mich. Als wir am Riesenrad ankommen, stehen die Menschen Schlange. Ich stelle mir vor, wie jemand ganz oben sitzt, seinen Schuh auszieht, ihn nach unten in die Menge wirft und jemanden am Kopf trifft.

»Die Geisterbahn!« Steven springt auf der Stelle. »Jemand aus meiner Klasse hat von der erzählt. Da muss ich unbedingt rein! Darf ich, bitte?«

Papa runzelt die Stirn. »Die ist bestimmt erst ab zwölf.«

»Letztes Jahr soll da drin jemand vor Schreck gestorben sein«, erklärt Steven.

»Ist doch Quatsch!« Ich sehe zu Mama hoch. »Ist doch Quatsch, oder Mama?«

»Ja, das ist Quatsch«, beruhigt Mama mich und drückt abermals meine Hand.

»Siehst du, das ist …«, sage ich zu Steven und dann sage ich nichts mehr, weil wir in diesem Moment um die Ecke biegen und es mir die Sprache verschlägt.

So etwas habe ich noch nie gesehen. Vor uns ragt ein Mast in den Himmel, an seiner Spitze ein Kettenkarussell. Von hinten drängt die Nacht über Frankfurt, doch die Lichter interessiert das nicht. Sie klettern weiß am Mast hinauf, eins nach dem anderen, und wenn sie das Karussell erreichen, kriechen sie an dessen Armen nach außen, um in allen Farben über die Stadt zu rotieren. Die Streben kreisen so schnell um den Mast, dass die Fahrgäste seitwärts in ihre Sitze gedrückt werden. Technomusik schallt so laut aus den Boxen, dass ich die Vibration an den Sohlen fühlen kann. Ein Mann in einer Kabine am Fuße des Masts brüllt ins Mikrofon: »Wollt ihr noch eine Runde?« Die Menge johlt. »Okay!« Und plötzlich steigt das Karussell noch ein bisschen höher in den Himmel. Mindestens so hoch, wie die Vögel fliegen, und vielleicht bis in die Wolken.

Mit offenem Mund ziehe ich an Papas Hand. »Papa, das geht nicht nur im Kreis, das geht auch hoch und runter.«

Papa lacht nur. »Ja, ein bisschen wie das Leben.«

Ich sehe den Menschen zu, wie sie hoch oben über der Stadt kreisen, scheinbar schwerelos, als ob sie fliegen. Wenn das das Leben ist, denke ich, dann ist ein bisschen auf und ab schon okay. Dann halte ich aus, wenn es manchmal im Kreis geht. Wenn das das Leben ist, da oben, inmitten der bunten Lichter, dann kann ich es gar nicht erwarten, so richtig zu leben.

2. TEIL

1

Kommt Papa heute nach Hause?

02. August 2004

Paula ist eine Frau mittleren Alters, die gleich bei uns um die Ecke einen Kiosk führt. Mama kauft dort ihre Fernsehzeitschrift, ich meine Yu-Gi-Oh!-Karten und Steven kehrt jeden Samstag ihren Gehsteig, wofür er drei Euro bekommt und manchmal noch ein Eis dazu. Papa holt dort oft Zigaretten. Einmal hat er mich dafür losgeschickt, und als ich Paula sagte, dass ich ein Päckchen Pall Mall möchte, hat sie erst mal ganz schön verdutzt geguckt. Ich musste ihr hoch und heilig versprechen, es sofort Papa zu geben, sobald ich zu Hause war, und es auf dem Heimweg im Ärmel zu verstecken, damit niemand es sieht.

Das Komische an Paula ist ihr Gesicht. Es wirkt alt, müde und sehr traurig. Manchmal denke ich, dass sich im Gesicht eines Menschen sein Leben abzeichnet. Jede Falte steht für eine schwere Entscheidung und jede Träne, die man weint, malt ein bisschen Blaulila unter die Augen. Genau so sieht Paula aus: Über ihre Stirn ziehen sich tiefe Falten und ihre Augen sind blaulila unterlaufen.

Ich betrete den Kiosk, der gerade mal so lang und breit ist wie meine Arme, wenn ich sie ausstrecke. Die Wände stehen voller Regale, auf denen sich Zeitschriften, Comics und Magazine aneinanderreihen. Mama hat mich gebeten, die Fernsehzeitschrift für nächste Woche zu besorgen und dabei darauf zu achten, dass ich nicht aus Versehen die für letzte Woche erwische. Ich sehe durch die Reihen. Wenn man bei Paula etwas kaufen will, muss man zuerst an eine dunkelgrüne Scheibe klopfen. Dahinter ist nämlich die Kneipe, die sie führt, und den Kiosk macht sie nur nebenbei. Hat sie einen gehört, zieht sie die Scheibe auf. Drinnen kann es aber ganz schön laut werden, weshalb man oft zwei- oder dreimal klopfen muss. Papa ist auch manchmal dort.

Vor ein paar Wochen kam Papa nach Hause und schlug die Tür hinter sich zu. Er stürmte in die Küche, knallte einen Zettel auf den Tisch und ich dachte, jetzt wird es laut, aber er sagte gar nichts. Stattdessen zog er wortlos seine Weste aus, die er zum Arbeiten trägt, und warf sie in den Korb mit dem Altpapier: »Die brauche ich jetzt nicht mehr.«

Mama stand am Herd. »Was ist denn los?« Sie rührte noch einmal im Topf um, drehte die Hitzezufuhr runter und griff nach dem Zettel. »Kündigung?«

Papa klopfte sich mit der flachen Hand auf die Brust, als suche er dort etwas. »Scheiße«, murmelte er, holte die Weste wieder aus dem Altpapier, zog eine Zigarettenschachtel aus der Brusttasche und steckte sich eine Zigarette in den Mund. Vom Fensterbrett griff er ein Feuerzeug, drehte das Rädchen und hielt schützend die Hand vor die Flamme, als ginge im Haus Wind, der sie hätte auspusten können.

»Klaus, wir rauchen nicht im Haus.« Mama hielt noch immer den Zettel in der Hand und starrte ihn an. »Kündigung«, las sie noch einmal vor. »Aber wieso?«

Doch Papa hatte die Zigarette schon angesteckt, die Haustür geöffnet und einen Fuß in die Nacht gesetzt. »Ich bin bei Paula«, sagte er.

»Klaus, wieso?«, wiederholte Mama.

»Sie sind pleite. Können ihre Leute nicht mehr bezahlen.« Er zog die Tür hinter sich zu.

Mama stand am Küchentisch und schluckte. Sie steckte den Kündigungsbrief zu den anderen Briefen zwischen Mikrowelle und Wand. Dann nahm sie wieder den Kochlöffel in die Hand. Ich schlief schon, als Papa an diesem Abend nach Hause kam.

Nachdem ich die Fernsehzeitschrift gefunden und sichergestellt habe, dass es die aktuelle ist, klopfe ich an die dunkelgrüne Scheibe.

Kurz muss ich warten und gerade, als ich noch einmal klopfen will, schiebt Paula das Glas zur Seite. Ein bisschen Rauch steigt aus dem Fenster und zieht an mir vorbei durch den Kiosk nach draußen.

»Hallo«, sage ich.

»Hallo Norman«, sagt Paula. Sie klingt freundlich, doch ihr Gesicht sieht so müde und traurig aus wie immer. »Ein Päckchen Yu-Gi-Oh!-Karten?«

»Heute nur die Zeitschrift«, antworte ich und reiche sie durch die Öffnung.

Paula nickt, nimmt die Zeitschrift entgegen und setzt ihre Brille auf. Draußen ist es zwar noch hell, doch durch das schmale Fenster gelangt kaum Licht auf Paulas Seite. Sie sucht nach dem Preis.

Ich krame in meiner Hosentasche. »Mama hat mir einen Euro und dreißig Cent mitgegeben«, sage ich und halte ihr eine Hand voller Zehn-Cent-Stücke hin.

Sie nimmt sie entgegen, öffnet die Kasse und sortiert die Münzen ein. »Dann wird das schon stimmen.« Sie reicht mir die Zeitschrift durch das Fenster. »Grüß mal deine Mama von mir.«

Ich nicke. »Mache ich.«

Dann drehe ich mich um und will gerade gehen, als Paula noch etwas sagt: »Ist denn zu Hause alles okay?«

Ich bleibe stehen und starre die Zeitschrift an, die ich mit beiden Händen festhalte. Eine blonde Frau ist darauf abgebildet und lächelt mit perfekten Zähnen zurück. »Ja«, antworte ich. »Alles okay.«

»Die Mama muss mal mit dir reden, dich was fragen.« Wir sitzen im Hof auf weißen Plastikstühlen, zwischen uns ein weißer Plastiktisch. Er hat ein Loch in der Mitte, in dem wacklig ein knallgelber Sonnenschirm steckt. Wir essen Eis. Sie hat eins mit Schokoladenmantel und meins ist rosa, der Stiel aber blau und Kaugummi ist darin eingewickelt. »Wäre es schlimm, wenn wir diesen Sommer nicht in den Urlaub fahren?«

»Oh«, sage ich. Schon seit ich klein bin, fahren wir jede Sommerferien für ein bis zwei Wochen nach Österreich auf einen Bauernhof. Ich muss an die Heuballen denken, auf denen Steven und ich immer herumturnen, den Fluss hinten am Feld, in dem Papa und ich einen Staudamm gebaut haben, und diesen einen Sommer, als Papa dem Bauern geholfen hat, ein Kalb zur Welt zu bringen, und Steven und ich durften jeden Tag nach ihm sehen und es streicheln.

»Weißt du, der Papa hat keine richtige Arbeit mehr. Wir müssen jetzt ein bisschen aufs Geld gucken.«

Am Wochenende sitzt Papa oft am Computer und schreibt Bewerbungen. Er wolle wieder eine Festanstellung, sagt er, und es müsse ein Dachdeckerbetrieb sein, denn Metzgern, damit sei er fertig. Zweimal hat Papa auch schon Post zurückbekommen, Absagen. Nach der letzten schlug Mama vor, dass er sich arbeitslos meldet, nur bis er etwas Neues hat, damit wir Arbeitslosengeld bekommen. Doch das kam für Papa nicht infrage. »Ich war noch nie arbeitslos«, rief er da. »Und ich fange auch nicht damit an!«

Unter der Woche erledigt er Arbeiten an Häusern von Freunden und Bekannten. »Schwarze Arbeit« sei das, hat er gesagt, und deshalb dürfe ich meinen Schulfreunden nichts davon erzählen. Momentan deckt er das Dach irgendeiner Familie im Nachbarort. Manchmal tapeziert er aber auch, malt oder verlegt Böden. Oft sehe ich ihn an diesen Tagen nicht, weil er danach auf ein Feierabendbier zu Paula geht und erst nach Hause kommt, wenn ich schon schlafe.

Letzte Nacht bin ich aufgewacht, als er das Hoftor hinter sich zugemacht hat. Ich hörte, wie er die Haustür aufschloss, die Treppe hochging und die Tür zum Schlafzimmer öffnete.

»Es ist zwei Uhr nachts, Klaus«, sagte Mama.

Mein Zimmer und das Schlafzimmer meiner Eltern waren früher ein großer Raum und die Wand, an der mein Bett steht, hat Papa selbst dazwischen gezogen. Sie ist dünn, und wenn ich mein Ohr dagegen presse, kann ich alles verstehen, was Mama und Papa sagen. Streiten sie, muss ich nicht einmal das Ohr an die Wand pressen, um alles zu hören.

Als Papa nicht reagierte, wurde sie lauter: »Dafür, dass uns das Geld von zwei Monaten fehlt, trinkst du ganz schön viel da vorn.«

Doch Papa sagte wieder nichts und diesmal wurde Mama so laut, dass ich erschrocken das Ohr von der Wand nahm: »Wir haben kaum etwas gespart, Klaus. Wenn du so weitermachst, sind wir Ende des Monats pleite.«

»Lass mich schlafen, Anna«, nuschelte Papa nur.

Mama schrie: »Wir können froh sein, dass wir keine Miete bezahlen müssen, sonst säßen wir in ein paar Wochen auf der Straße!«

Und dann war alles still. Als ich mein Ohr noch einmal an die Wand drückte, hörte ich Mama leise weinen.

Mama steht auf, zieht den weißen Plastikstuhl einen halben Meter zur Seite, damit er in der Sonne steht, und setzt sich wieder. »Nächstes Jahr fahren wir nach Österreich, versprochen. Ich suche mir jetzt auch Arbeit, dann müssen wir nicht so auf jeden Cent achten.«

»Und was?«, frage ich neugierig. Opa wurde nach der Volksschule Lkw-Fahrer und Papa hat eine Ausbildung zum Metzger gemacht, Mama aber hat nie einen Beruf gelernt – außer Mama sein.

»Ich dachte, ich kann irgendwo putzen, weil ich das sowieso jeden Tag mache«, erklärt sie. »Ich habe auch schon beim *Main-Echo* angerufen, damit die eine Anzeige reinsetzen. Nur ein paar Stunden die Woche und am besten, wenn du und Steven in der Schule seid.«

Für einen Moment sprechen nur die Rotkehlchen, die in der Tanne neben uns nisten.

»Mama?«, sage ich dann. Die Augen kneift sie zusammen, weil ihr die Sonne direkt ins Gesicht scheint. »Wenn ich groß bin, werde ich reich und dann fahren wir so oft und lange in den Urlaub, wie wir wollen.«

05. August 2004

Gestern ist mein Kassettenspieler kaputtgegangen. Der Play-Knopf rastet nicht mehr ein, wenn man ihn nach unten drückt. Ich habe bestimmt zehn Kassetten ausprobiert und keine hat funktioniert.

»Kannst du dir das nach der Arbeit ansehen?« Ich sitze am Frühstückstisch und schmiere Frischkäse auf ein Brötchen. »Ich kann ohne Hörspiel nicht einschlafen. Gestern hat das richtig lange gedauert.«

»Klar«, sagt Papa, leert seinen Kaffee, verzieht kurz das Gesicht und stellt die leere Tasse in die Spüle. »Wir tauschen die Taste einfach aus.«

»Versprochen?«, frage ich.

Papa sucht die Küche nach etwas ab, das weder auf dem Tisch noch im Regal liegt. »Ah«, sagt er dann, nimmt einen Zollstock vom Fensterbrett, steckt ihn in die Hosentasche und eilt zur Haustür. »Bis heute Abend!«, ruft er noch, dann fällt die Tür ins Schloss.

»Versprochen?«

Um halb neun beginnt die Sonne unterzugehen und Papa ist immer noch nicht zu Hause. Ich gehe die Straße hinunter und biege an der Bäckerei ab. Sein Fahrrad steht vor dem Kiosk. Die dunkelgrüne Scheibe ist geschlossen, doch dahinter bewegt sich eine Silhouette von links nach rechts und wieder zurück. Ich klopfe und warte. Als nichts passiert, klopfe ich noch einmal. Dann zieht Paula die Scheibe auf.

»Hallo«, sage ich.

»Norman«, sagt sie überrascht und wirft einen Blick auf ihre Armbanduhr. »Du bist aber spät unterwegs.«

»Ja«, antworte ich, weil ich nicht weiß, was ich sonst antworten soll. »Paula?«

»Was kann ich für dich tun?«

Aus der Kneipe drängt ein Durcheinander von Stimmen und ich versuche herauszuhören, ob die von meinem Papa dabei ist. Es gelingt mir nicht. Ich will durch das Fenster einen Blick auf die Gäste erhaschen, doch ich bin zu klein und sehe nur die Decke, von der lose Glühbirnen hängen und warmes Licht ausstrahlen. Also frage ich leise: »Kommt … kommt Papa heute nach Hause?«

Paula sieht nach hinten zu den Tischen und wieder zurück zu mir. Sie sieht mich an mit ihrem müden und traurigen Gesicht, die Stirn von tiefen Falten durchzogen, die Augen blauviolett unterlaufen. Und in genau diesem Moment wird ihr Gesicht noch ein bisschen älter, noch ein bisschen müder und noch ein bisschen trauriger.

»Hier«, flüstert sie, schüttelt den Kopf und drückt mir eine kleine Tüte Gummibärchen in die Hand. Dann zieht sie das Fenster zu.

2

Hilfe

13. August 2004

Ein Poltern reißt mich aus dem Schlaf. Ich öffne die Augen und sehe in das Gesicht von Teddybärmama Susi. »Hast du das gehört?«, flüstere ich. Keine Reaktion. Schwerfällig richte ich mich auf. 01:04 Uhr, zeigt mein neuer CD-Player an. Mama hat ihn mir gestern gekauft, weil Papa immer noch keine Zeit hatte, meinen kaputten Kassettenrekorder zu reparieren. Mein neues Hörspiel läuft: Digimon, Folge 5: »Verschollen in Eis und Schnee«. Ich habe auf Repeat gedrückt, damit es die ganze Nacht über nicht aufhört.

Wieder poltert es, diesmal lauter, und ich zucke zusammen. Es kommt von unten. Vielleicht mein Bruder, denke ich, der gerade nach Hause kommt. Es sind Sommerferien und er ist häufig bis nachts mit seinen Freunden unterwegs. Ich klettere aus dem Bett, schleiche ans andere Ende des Zimmers und öffne die Tür einen Spaltbreit. Im Dunkeln kann ich wenig erkennen, doch Steven scheint bereits zu schlafen. Als ich sein Zimmer betrete, knarrt der Fußboden.

»Hallo?« Die Stimme kommt vom Fuß der Treppe. Sie ist rau und höher als üblich, doch ganz bestimmt: Das ist Papa. Ich schlucke – irgendetwas stimmt nicht. Ich durchquere das Zimmer, mache das Treppenlicht an und sehe hinab. Papa kniet auf der untersten Stufe, den Oberkörper nach vorn gebeugt, den Kopf in den Händen vergraben. »Hilfe«, murmelt er diesmal. Ich renne hinunter.

»Papa«, ächze ich und lege unsicher eine Hand auf seine Schulter. »Papa, was ist los? Warum liegst du ...« Die restlichen Worte schlucke ich hinunter, zusammen mit den Tränen. Dafür ist keine Zeit.

Papa dreht seinen Kopf und sieht mich an. Seine Augen sind klein, doch seine Pupillen riesengroß. »Ich komm die scheiß Treppe nicht hoch«, lallt er. Er riecht nach Erde, Schweiß und Alkohol. »Der Papa hat ein bisschen viel getrunken.« Mit einer Hand greift er unter sich, scheint etwas zu suchen und zieht schließlich eine leere Bierflasche hervor. Er hält sie mir entgegen: »Davon.«

Ich nehme die Bierflasche an mich und weiß für einen Moment nicht, was geschieht. Noch nie habe ich Papa so gesehen: Er trägt noch seine Arbeitsuniform. Die, in der er Paletten trägt oder Ziegel wirft. Und stattdessen liegt er da, am Fuß der Treppe, und kann nicht mal sich selbst tragen. Ich will ihm helfen und weiß nicht, wie. Irgendwo muss ich anpacken, ihn auf die Beine ziehen, aber ich weiß nicht, wo. Ich stelle die Bierflasche auf dem Fensterbrett ab. »Ich hole Mama«, sage ich.

»Nein!« Er brüllt fast.

Ich weiche einen Schritt zurück. »Papa.«

Er sieht zu Boden und für ein paar Sekunden ist es ganz still. »Sag der Mama nichts. Die ist eh schon sauer auf mich.« Dann stützt er die Hände auf die nächsthöhere Treppenstufe und versucht sich aufzurichten. »Die Mama muss davon nichts wissen«, wiederholt er, verliert das Gleichgewicht und fällt zurück auf die Knie. Wieder poltert es.

Ich halte mir die Ohren zu. Plötzlich habe ich Angst, jemand könnte uns hören. Als dürfte ich Papa nicht helfen. Als sei ich Teil von etwas, das nicht in Ordnung ist. Aber Papa hat recht. Wenn Mama das hier sieht, gibt es noch mehr Streit. Und das will ich auf keinen Fall. Ich beiße mir auf die Unterlippe und flüstere: »Wir kriegen das irgendwie hin, okay?«

Ich atme tief durch und sehe die Treppe hinauf. Sie ist steil und hat schmale Stufen. Ich hebe Papas linken Arm und lege ihn um meine Schultern. Die rechte Hand lege ich um seine Taille. Dann versuche ich vorsichtig, uns beide aufzurichten. Keine Chance – er ist achtzig Kilo schwer, ich bin elf Jahre alt.

»Papa«, flüstere ich und erhalte keine Antwort. Seine Augen sind geschlossen. »Papa«, sage ich noch einmal, diesmal kräftiger, und rüttele an seinen Schultern. »Papa, du musst mithelfen.«

Er öffnet die Augen, murmelt etwas und versucht erneut aufzustehen. Diesmal halte ich ihn an der Schulter fest und mich selbst an der Wand. Unwillkürlich muss ich daran denken, als ich zum ersten Mal auf einem Fahrrad saß und alles genau umgekehrt war: Papa stand neben mir und hielt mich an der Schulter fest. »Lass bloß nicht los«, stammelte ich damals. »Versprochen?« Und ich erinnere mich daran, dass er lachte und sagte: »Versprochen.« Er ließ nicht los.

»Nichts kann passieren«, sage ich also. »Ich halte dich fest und lasse nicht los, versprochen.« Und vielleicht hört er mich gar nicht. Aber falls doch, dann hilft ihm das vielleicht und hält die Angst im Zaum, die bestimmt viel schlimmer ist als die, die man hat, wenn man zum ersten Mal auf einem Fahrrad sitzt.

Dann stemmt Papa sich hoch, wackelt, doch mein Griff an seiner Schulter ist fest und irgendwie kann er das Gleichgewicht halten.

»Gut, Papa, das ist gut.« Seine rechte Hand lege ich auf das Treppengeländer und schließe jeden Finger einzeln darum. »Halt dich unbedingt fest, ja? Und jetzt Stufe für Stufe.« Mit einer Hand halte ich ihn an seiner Schulter fest, die andere lege ich flach auf seinen Rücken. Das Wichtigste ist, dass er nicht nach hinten kippt und die Treppe herunterfällt. »Heb deinen Fuß«, sage ich. Als er meiner Anweisung folgt, schiebe ich ihn an. Mit einem Stöhnen nimmt er die erste Stufe.

Als wir am Ende der Treppe ankommen, zittere ich am ganzen Körper. Papa hat die ganze Zeit über kein Wort gesagt, doch sein Stöhnen ist mit jeder Stufe lauter geworden. »Leise, Papa«, flüsterte ich irgendwann. »Du weckst noch alle auf.« Und kurz dachte ich, dass es vielleicht besser wäre, wenn alle aufwachen. Aber dann wäre alles umsonst gewesen und ich habe es doch versprochen.

Wie ein Puppenspieler lenke ich seine Schritte ins Wohnzimmer, lasse ihn auf das Sofa herab und bringe ihn in eine liegende Position. Ich ziehe ihm die Schuhe aus, klemme ein Kissen unter seinen Kopf und breite eine dünne Decke über ihm aus. »Heute bringe ich dich ins Bett«, flüstere ich. Er antwortet nicht. Ob er noch wach ist oder schon schläft, kann ich nicht sagen. Ich ziehe die Decke zurecht und küsse ihn auf die Stirn. Einen Moment verweile ich genau dort. »Aber morgen bist du wieder dran, hörst du?«

Ich gehe nach unten und sammle die Bierflasche ein, die ich aufs Fensterbrett gestellt hatte. Wenn ich sie nach draußen zum Altglas bringe, wird niemand sie finden und Fragen stellen.

Auf dem Weg zurück stecke ich noch einmal den Kopf ins Wohnzimmer. Papa schläft und schnarcht leise. Auf Zehenspitzen und mit angehaltenem Atem gehe ich zuerst am Bett meines Bruders vorbei, dann am Schlafzimmer meiner Eltern. Lautlos ziehe ich die Tür hinter mir zu.

01:48 Uhr, zeigt mein CD-Player an und spielt Digimon, Folge 5: »Verschollen in Eis und Schnee« – noch einmal. Kaum habe ich mir die Bettdecke über den Kopf gezogen, kann ich die Tränen nicht mehr zurückhalten. »Leise«, wispere ich, drücke das Gesicht in die Matratze und versuche, mein Schluchzen zu ersticken. »Du musst leise sein.«

3

Eine Geschichte habe ich noch

18. August 2004

Letztes Jahr fühlte sich der Sommer unendlich an. Die vierte Klasse endete mit einem Radiointerview, das der örtliche Sender mit einigen der abgehenden Schülern führte. »Furchtbar aufregend«, sagte einer von ihnen, als es um seinen letzten Schultag ging. Einen meiner Freunde fragten sie, ob er denn seinen Abschluss geschafft habe: »Knapp.« An mich ging die Frage, was ich am aufregendsten daran fand, im nächsten Jahr auf eine andere Schule zu gehen. Ich erinnere mich an Mamas Lachen, als wir das Interview nur ein paar Stunden später im Radio hörten und ich nach ein bisschen »Ähm« und Stottern antwortete: »Die ist so weit weg, da muss man einen Bus nehmen.«

Doch bevor ich einen Bus hätte nehmen müssen, kamen die Sommerferien. Sechs Wochen, in denen ich jeden Tag mit meinen Freunden zusammen verbrachte. Wir erkoren den Spielplatz zu unserem Treffpunkt. Wir trafen uns am Morgen, schaukelten uns ein und zogen los: kletterten auf Bäume, ließen Drachen steigen, spielten Künstler mit Seifenblasen und Polizei mit Wasserpistolen. Wir bauten geheime Stützpunkte aus Decken und Stühlen, zeichneten Schlachtpläne und bekämpften uns wie die Helden unserer Lieblingsserien. Kein Regen oder Gewitter konnte uns vom Spielen abhalten. Und wenn wir nach Hause gerufen wurden, weil das Abendessen fertig war, rannten wir ins Maisfeld und wurden einfach unsichtbar. Wir streiften durch die Straßen des Dorfes und fühlten uns wie Könige. Es gab nur uns und den Sommer. Sechs Wochen wie eine Ewigkeit.

Auch dieses Jahr fühlt sich der Sommer unendlich an. Während meine Freunde auf die Realschule gingen, kam ich aufs Gymnasium. Ich sehe sie kaum noch. Mama ist furchtbar stolz, weil es in unserer Familie noch nie jemand aufs Gymnasium geschafft hat. Doch ich fühle mich dort nicht wohl. Die meisten Kinder in meiner Klasse kennen sich noch aus der Grundschule und sind bereits Freunde. Ich traue mich selten, mit ihnen zu sprechen. Und manche ärgern mich auch. Also verbringe ich die Pausen meist allein. Und die Vertretungsstunden. Und jetzt auch die Sommerferien.

Mama und Papa streiten sich fast jeden Tag. Oft werde ich wach, weil einer von beiden brüllt und dann weint. Meistens Mama. Vor einigen Tagen fand sie Papa am Morgen auf dem Sofa, als er noch schlief. Wahnsinnig sauer wurde sie da, weil er noch dreckig von der Arbeit war und lieber im Wohnzimmer geschlafen hatte. Ich glaube nicht, dass sie weiß, was in der Nacht zuvor passiert ist. Mein Bruder verbringt so viel Zeit wie möglich bei seinen Freunden, um von zu Hause zu entkommen. Ich wünschte, er würde mich mitnehmen. Stattdessen gibt es nur mich, meine Eltern und dieses Haus, das sich unheimlich eng anfühlt. Sechs Wochen wie eine Ewigkeit.

Ich sitze herum und schwitze.

Schon heute Morgen konnte man riechen, wie brechend heiß der Nachmittag werden würde. Die Sonne brennt ans Fenster meines Zimmers und heizt es auf. Ich sehe aufs Thermometer: weit über dreißig Grad. Die Luft fühlt sich schwer an, als ob sie von allen Seiten gegen meinen Körper drückt. Draußen ist es kühler. Ich gehe durch den Hof, über das Kopfsteinpflaster und stelle sicher, nicht auf die Rillen dazwischen zu treten. Wenn man barfuß läuft, ist das besonders wichtig. Ich setze mich auf die Schaukel und schaue in einen wolkenlosen Himmel. Wenn ich nur hoch genug schaukle und dann abspringe, denke ich, könnte ich einfach davonfliegen. In der Luft wäre ich dann ja schon, ich dürfte bloß nicht fallen. Ich greife die Seile, schaukle so hoch ich kann, springe ab und falle. Vielleicht nächstes Mal. Ein paar Himbeer- und Brombeersträucher weiter lasse ich mich rückwärts ins Gras fallen. Der große Kirschbaum über mir wirft einen noch größeren Schatten. Ein angenehm kühler Wind weht mir um die Ohren und für eine Sekunde hoffe ich, dass er das beengende Gefühl in meiner Brust einfach mitnimmt – es bleibt.

Ich sehe auf. Weiter hinten im Garten, am Fischteich vorbei, sitzt Opa über zwei Eimer gebeugt. Aus dem einem zieht er eine Stangenbohne, kappt ihre Enden und wirft die Hülse in den anderen Eimer. Dann nimmt er die nächste. Eine Weile lang sehe ich ihm stumm dabei zu, bevor ich zu ihm hinübergehe.

»Normi«, sagt Opa, als er mich sieht, und es fühlt sich wie eine Umarmung an. Ich denke an die Jungs in meiner Klasse, die alle darauf pochen, schon fast erwachsen zu sein, MTV statt Super RTL schauen, für die Mädchen aus der Parallelklasse schwärmen und zwischen den Stunden über das Rauchen und manchmal über Sex sprechen. Ich will gar nicht erwachsen sein. Erwachsene streiten sich ständig, sorgen sich um Geld und trinken Bier, wenn es ihnen schlecht geht. Ich bin mit Kindsein noch nicht fertig. Und immer, wenn Opa »Normi« sagt, weiß ich: Heute bist du noch nicht erwachsen. Diesen Tag hast du noch.

»Opi«, sage ich, und erst als meine Stimme krächzt, wird mir klar, dass ich heute noch kein Wort gesagt habe. Ich räuspere mich.

Auf Opas Stirn glänzen ein paar Schweißtropfen, die er mit einem Stofftaschentuch abwischt. Er sitzt auf einem tiefen Hocker und als er aufsteht, habe ich Angst, dass er wieder nach hinten umfällt. Letzte Nacht erst habe ich geträumt, dass er stürzt. Und vor einer Woche, dass er über den Hof ging und in der Mitte zusammenbrach, die Hand am Herz. Ich schrie im Traum, und zwar so laut, dass ein bisschen davon ins echte Leben schwappte und tatsächlich aus meinem Mund kam. Ich wachte davon auf und konnte nicht wieder einschlafen, bevor ich mein Ohr an die Tür zu seinem Schlafzimmer gedrückt und seinem Atem gelauscht hatte.

Er wankt ein bisschen, fällt aber nicht um. Den Kopf erhoben sieht er über seine Beete. »Gut«, befindet er. »Ein bisschen trocken, aber es soll heute Abend noch mindestens einen Fingerbreit regnen.«

Mein Opa ist bestimmt der einzige Mensch auf der Welt, der Regen in Fingerbreit misst. Ich habe keine Ahnung, ob das viel oder wenig ist. »Boah«, sage ich trotzdem und Opa nickt wissend.

»Die Bohnen da vorn«, er zeigt auf ein paar metallene Stäbe, die aufgereiht in der Erde stecken, »die habe ich alle heute geerntet.« Dann deutet er unter sich und ein Stück in die Ferne. »Außerdem habe ich das ganze Unkraut zwischen den Gehwegplatten entfernt. Der Mann von der Ecke Poststraße und Karlsplatz hat mir seinen Bunsenbrenner geliehen. Der mit dem roten Tor.«

Mein Opa ist außerdem der einzige Mensch auf der Welt, der Leute nicht beim Namen nennt, sondern beim Wohnort. Meine Freunde aus der Grundschule hat er über Jahre hinweg »der aus dem Elisenweg« und »beim katholischen Kindergarten, da nebenan« genannt. Mit Namen, sagt er immer, sei er eben nicht gut. Ich bin mit Wohnorten nicht gut. Oft rätseln wir, von wem der andere spricht.

»In den nächsten Tagen sind die Karotten dran, die Radieschen und der Salat. Der schießt schon, der muss raus.« Er betrachtet den Salat skeptisch. Als schulde das Gemüse ihm eine Erklärung. »Gleich morgen.«

Ich blicke einmal quer durch die Reihen. Ein Beet mit Erdbeeren ist bereits gepflückt, ein weiteres leuchtet rot und saftig. Ich trete auf den schmalen Weg daneben. Die Erde ist hart, staubig und so heiß, dass ich von einem Fuß auf den anderen springen muss. »Die Mama kann gar nicht so viel kochen, wie du erntest, Opa.« Neben den Erdbeeren steht ein Stachelbeerstrauch. Ich pflücke eine und schiebe sie mir in den Mund.

»Ach, da macht man einmal einen großen Eintopf von und legt den Rest ein.« In einer Regenwassertonne wäscht er sich die Hände und schüttelt sie trocken. Dann hebt er den Zeigefinger, als sei ihm gerade etwas eingefallen. »Damals in Böhmen haben wir das auch so gemacht.« Er setzt sich wieder, als ahne er schon, dass diese Geschichte eine längere werden würde. Der Hocker scheppert. »Die Ernte hält sich nicht ewig, die muss man verkochen. Und außer dem Acker und ein bisschen Vieh hatten wir ja nichts.«

Wenn Opa einmal anfängt zu erzählen, hört er nicht mehr auf. Bald geht es um seine vielen Geschwister, seine Eltern und wie man damals noch gezüchtigt wurde, wenn man Unsinn trieb. Sogar in der Schule sei das so gewesen und ihm habe man nicht nur einmal mit dem Lineal auf die Finger gehauen. Irgendwann spricht er vom Krieg und wie die deutschen Soldaten kamen, als er gerade mal acht Jahre alt war. Im Jahr 1938 sei das gewesen, geschossen hätten sie und das ganze Vieh auf dem Hof mitgenommen. Die ganze Familie sei regelrecht vertrieben worden. »Sudetenland«, flucht er ein paar Mal und ich weiß gar nicht, was das bedeutet. Aber die böhmische Küche, die werde er nie vergessen, gerade die Knödel. Das Rezept seiner Mutter habe er noch immer, aber wenn meine Mama es kocht, schmecke es nicht wie früher, so sehr sie sich auch bemühe. »Und erst die Blasmusik!«, ruft er dann.

Einmal zeigte Opa mir seine Lieblingsblasmusik auf Videokassette. Ernst Mosch und die Egerländer Musikanten waren im Fernsehen aufgetreten und er hatte alles aufgenommen. Als sein Lieblingslied kam, sang er mit. »Wir sind Kinder von der Eger«, ging der Text und schon nach der ersten Zeile fiel mir auf, dass er das Gesicht so komisch verzog. »Aus dem wunderschönen Egerland«, sang er weiter und dann verstand ich, dass er weinte.

»Und die Karlsbader Oblaten!« Opa leckt sich über die Lippen und schmatzt ein bisschen. »Karlsbad, so ein wunderschöner Ort.« Ein paar Mal war ich schon da. Einmal im Jahr ist dort Familientreffen und all die Geschwister meines Opas, die noch leben, umarmen mich fest und sagen mir, wie groß ich doch geworden bin. An die wenigsten kann ich mich erinnern. Nur an Horst, der mir jedes Jahr zehn Mark zusteckt, und seine Frau Erika, die sie mir wieder abnimmt und stattdessen meinen Eltern gibt.

»Alles versoffen«, tönt es plötzlich von irgendwoher und Opa hört schlagartig auf zu reden.

Ich sehe Richtung Haus. Mama und Papa stehen auf dem Balkon und rauchen. Papa lehnt an der Wand, eine Hand an der Zigarette, die andere in der Tasche seiner Weste. Mama ist über den Blumenkasten gebeugt und zupft grob ein paar welke Blüten.

»Wie soll ich eigentlich einkaufen gehen, wenn wir das Auto verkaufen?«, brüllt sie.

Papa zieht an seiner Zigarette, zerdrückt das glühende Ende im Aschenbecher und bläst den Rauch langsam durch die Nase aus. Er setzt an, etwas zu sagen.

»Eine Geschichte habe ich noch«, sagt Opa plötzlich und ich drehe mich unvermittelt um. Er klopft auf seinen Oberschenkel und bedeutet mir, mich zu setzen.

Ich sehe noch einmal zum Balkon zurück, während Opa schon zu erzählen beginnt: »Ich war doch Lkw-Fahrer.« Papa sagt etwas, doch ich kann ihn nicht verstehen. Mama gestikuliert wild. Ihre Lippen bewegen sich, doch Opa übertönt ihre Worte. Schließlich wende ich den Blick ab, gehe zu ihm hinüber und setze mich auf seinen Schoß.

»Einmal, da sollte ich Kissen und Bettlaken an eine JVA liefern.« Seine Stimme ist lauter als zuvor und ganz nah an meinem Ohr. »Weißt du, was das ist?«

Auch ich spreche jetzt ganz laut: »Ein Gefängnis, oder?«

»Genau! Und als ich dort ankam, winkte mich einer der Wärter durch ein großes Tor.« Opa schüttelt den Kopf, als er daran denkt.

»Aus Sicherheitsgründen durfte ich nicht beim Ausladen helfen. Nicht einmal aussteigen durfte ich.« Er erzählt davon, dass er eine ganze Stunde warten musste, bevor der Wärter ihm die Erlaubnis zur Weiterfahrt erteilte.

»Und dann?«, frage ich neugierig.

Kurz sagt er nichts. In der Ferne höre ich Mama weinen. Eine Tür knallt. Ich presse ein Ohr gegen Opas Brust. Je weniger ich mitbekomme, desto besser.

»Was ist dann passiert?«, dränge ich ihn weiterzuerzählen.

Für einen Moment sieht er über meinen Kopf hinweg Richtung Haus. »Ich glaube, das war schon auf der Landstraße, als ich eine Bewegung im Seitenspiegel bemerkte. Als ich hinsah, war da aber nichts.«

Ich versuche, all meine Aufmerksamkeit auf Opas Geschichte zu richten. Darauf, wie seine Stimme klingt: aufgeregt, rau. Ich male mir aus, dass die Polizei hinter ihm her war und er vor Schreck in eine wilde Verfolgungsjagd geriet.

»Zuerst dachte ich, dass alles nur Einbildung war.« Er tippt sich an die Stirn. »Doch im nächsten Moment bewegte sich wieder etwas und diesmal war ich mir sicher: Da war jemand hinten auf meinem Lkw!«

»Wirklich?«, rufe ich erstaunt.

»Unglaublich, oder?« Opa lacht. »Da war mir in der JVA doch wirklich einer raufgestiegen und hat gedacht, er könnte mit mir gemütlich ausbrechen.«

Ich stelle mir vor, wie einer der Insassen meinen Opa sah und dachte: Das ist meine Chance! Wie er tatsächlich entkam und nach Hawaii flüchtete, nach Karlsbad vielleicht und seitdem dort lebt und zum Jahrestag seiner Flucht immer an meinen Opa denkt und dass er ihm seine Freiheit zu verdanken hat. »Was hast du gemacht?«

»Ich fuhr sofort auf den Seitenstreifen, um anzuhalten. Aber keine Chance. Als ich ausgestiegen war, sah ich ihn nur noch rennen.« Opa pfeift und so klang es wohl, als der Entflohene weglief. »Ich rief in der JVA an und man bestätigte mir, dass jemand fehlte.«

Ob sie ihn wieder geschnappt haben, kann Opa mir nicht sagen. Das wisse er bis heute nicht. Das Gefängnis habe sich nie wieder bei ihm gemeldet.

Als ich zum Balkon sehe, sind Mama und Papa weg. Eine weitere Brise weht mir kühl um die Ohren, und als sie verschwindet, ist das beengende Gefühl in meiner Brust ein bisschen weniger geworden. Ich sehe zu Opa auf und lächle erleichtert: »So eine coole Geschichte.«

Er lächelt zurück. »Hilfst du mir morgen mit dem Salat?« Kurz sieht er zum leeren Balkon, dann wieder zu mir. »Ich glaube, die frische Luft tut dir gut.«

4

Hast du den Papa noch lieb?

05. September 2004

»Norman, kommst du mal?«, ruft Papa. Ich sitze auf dem Boden meines Zimmers und sehe vom Notizbuch auf, das auf meinem Schoß liegt. Bis eben wusste ich nicht, dass Papa zu Hause ist. Gestern Abend war er nicht heimgekommen. Das weiß ich, weil ich Mama habe weinen hören.

»Geht das später?«, rufe ich zurück. »Ich schreibe gerade eine Geschichte.« Vorhin durfte ich an den Computer und stieß auf eine Seite im Internet, auf der Leute eigene Geschichten schreiben. Nachdem ich ein paar davon gelesen hatte, schnappte ich mir einen Stift, fing ebenfalls an zu schreiben, und tue seitdem nichts anderes. Seit Beginn der Sommerferien ist mir zum ersten Mal nicht langweilig.

»Nein«, antwortet Papa und etwas an seiner Stimme ist komisch. Ich kann nicht genau sagen, was. »Das muss wirklich jetzt sein, Norman.«

Ich nehme das Notizbuch und trotte zum Schlafzimmer meiner Eltern. Am Türrahmen bleibe ich stehen. Papa sitzt auf der Kante des Betts, das zusammen mit dem Wandschrank fast den gesamten Raum ausfüllt. Etwas in mir sträubt sich dagegen, das Zimmer zu betreten. Mir ist, als liege hinter der Türschwelle eine andere Welt, aus der die Schreie und das Weinen kommen, und ab und zu, wenn sie stark genug sind, steigen sie über die Türschwelle hinweg und erobern das ganze Haus.

»Der Papa muss mit dir über etwas reden.« Er klopft neben sich auf das Bett und statt der Matratze erwischt er ein paar Zettel. Er räumt sie zur Seite. Ich kann viele Zahlen erkennen, wahrscheinlich sind es Rechnungen, und wenn ich den Streit gestern richtig verstanden habe, wahrscheinlich unbezahlte Rechnungen.

Ich überwinde mich und setze mich zu ihm auf die Bettkante. Papa riecht komisch und ich frage mich, wann er sein letztes Bad genommen hat. Seine Haut ist dunkel, seine Haare sehen ölig aus und er trägt noch immer seine Arbeitskleidung, obwohl er seit mindestens drei Tagen nicht mehr arbeiten war.

Als er mich ansieht und meinen Namen sagt, erschrecke ich mich. Er klingt nicht wie Papa. Nicht wie der Mann, der stundenlang in der prallen Sonne steht und Ziegel meterweit in die Höhe wirft, der Zement in Schubkarren umherfährt, der sich ein Wochenende freinimmt, um mal eben eine Holzhütte im Garten zu bauen. Er klingt leise und weinerlich, wie ein Kind, das eingeschüchtert und verunsichert ist, nicht weiß, was es tun soll, und sich nicht traut zu fragen. Er klingt wie ich. »Der Papa muss dich was fragen und du musst versprechen, dass du ehrlich bist, ja?«

Ich nicke stumm, bin bewegungslos. Nur mein Herz schlägt so schnell, dass ich es in meiner Brust, den Nacken hinauf und bis zu den Ohren vibrieren spüre.

Er flüstert: »Hast du den Papa noch lieb?«

Für einen kurzen Moment kann ich nichts denken, bis in den tiefsten Winkel meines Kopfes höre ich meinen Herzschlag pochen. Meine Finger umfassen das Notizbuch so fest, dass sich meine Nägel schmerzhaft in den Einband bohren.

»Ich weiß, der Papa hat in letzter Zeit viel Mist gebaut.« Papas Stimme zittert und ich glaube, dass er Angst vor meiner Antwort hat.

Mein Kopf, der eben noch leer war, ist jetzt voller Sätze. Viele gute und viele, für die ich mich schäme, und nur einer, den ich aussprechen kann: »Du bist doch mein Papa.«

Er lächelt kraftlos und nimmt meine Hand. Seine Finger fühlen sich rau an, ein bisschen wie das Schleifpapier in seiner Werkstatt.

»Ich verspreche dir, dass alles wieder in Ordnung kommt, ja?« Und dann fängt er an zu weinen.

Ich habe Papa noch nie weinen sehen. Er weint so anders als Mama. Man hört es gar nicht. Die Tränen laufen ganz stumm an seinen Wangen hinab. »Jetzt, wo ich das weiß, kann ich alles wieder in Ordnung bringen.«

Ich möchte auch weinen, laut schluchzen, mich in den Stoff von Papas Weste krallen, das Gesicht in seinem T-Shirt vergraben und weinen, bis alles durchnässt ist. Ich möchte weinen, aber ich darf nicht. Wenn Papa weint, muss ich stark sein. Ich starre auf meine Hand in seiner und flüstere: »Das wird schon wieder.« Keine Ahnung, ob ich mir glaube.

Er nickt eifrig und wischt sich mit dem Handrücken die Augen trocken. Kurz ist es still und mir fällt auf, dass ich keinen Ort kenne, an dem Stille sich merkwürdiger anfühlt als in diesem Schlafzimmer. Dann fragt Papa: »Worum geht es in deiner Geschichte?«

Ich sehe ihn an. »Um einen Jungen mit magischen Kräften.« Papa zieht die Nase hoch. Ich befreie meine Hand aus seiner und öffne das Notizbuch, das ich noch immer fest umklammere. Kurz blättere ich hin und her, dann deute ich auf eine Zeichnung. Sie zeigt den Umriss eines Kindes, das in der Luft schwebt und Blitze aus seinen Händen schießt. »Hier kämpft er gegen ein paar böse Monster.«

Mit dem Daumen fährt Papa über die Seite und verwischt etwas von dem Grafit. Seine Finger sind so dunkel, dass man es auf ihnen nicht sieht. »Macht er das, um seine Familie zu beschützen?«

»Ja«, sage ich, doch das ist eine Lüge. Der Junge hat seine Familie vor Kurzem verloren. Die magischen Kräfte beschützen nur noch ihn selbst.

Als ich daran denke, spüre ich die Tränen in mir aufsteigen. Meine Brust fühlt sich unheimlich eng an und ich habe das Gefühl, keine Luft mehr zu bekommen. »Ich muss jetzt weiterschreiben«, keuche ich, renne aus dem Schlafzimmer, die Treppe hinab und zur Tür hinaus.

Ich renne durch den Hof bis weit in den Garten. Am Fischteich kniet Opa neben einem Rosenbusch und stutzt ein paar Blätter. Ich lasse mich neben ihn ins Gras fallen, lege den Kopf auf seine Oberschenkel und fange an zu weinen. Ich schluchze laut, vergrabe das Gesicht in seinem Hemd und weine, bis alles durchnässt ist.

Er sagt nichts. Er legt die Gartenschere aus der Hand, zieht ein Stofftaschentuch aus seiner Hemdtasche und tupft mir die Tränen aus dem Gesicht. Mit seinen großen Händen streicht er mir behutsam über den Rücken und ich – ich kann endlich wieder atmen.

5

Drei Tage

Gestern Nacht habe ich im Bett Pokémon Rubin-Edition gespielt. Eigentlich darf ich so spät nicht mehr Gameboy spielen, aber seitdem letztes Jahr der neue mit beleuchtetem Display rausgekommen ist, muss ich zum Spielen nicht mehr das große Licht anmachen, das durch den Spalt zwischen Boden und Tür leuchtet und mich verrät. Ich kann einfach unter der Bettdecke spielen und keiner merkt was. Schon drei Hörspiele hatte ich durch und lag immer noch wach. Immer, wenn ich die Augen zumachte, sah ich Papas tränennasses Gesicht vor mir. Und immer, wenn ein Hörspiel durchgelaufen und mein Zimmer kurz still war, gingen mir Papas Worte durch den Kopf. Ich versuchte ja, nicht daran zu denken, aber dann dachte ich nur noch mehr daran und konnte erst recht nicht einschlafen.

Den restlichen Sonntag hatte Papa am Computer gesessen, nach Arbeit gesucht und an seiner Bewerbung geschrieben. Erst als ich schon Gameboy spielte, schaltete er den Computer irgendwann aus und ging zu Mama ins Bett. Ich drückte mein Ohr flach an die Wand und hörte ihn sagen: »Liest du noch?« Und Mama muss gar nichts gesagt oder nur genickt haben, denn dann sagte er noch: »Ich meine das so, was ich vorhin zu dir gesagt habe.«

Und dann sagte Mama: »Ich hoffe es, Klaus. Versprichst du mir das? Kein Feierabendbier mehr, kein betrunkenes Ins-Bett-Stolpern mitten in der Nacht.«

»Das war's mit der Kneipe.« Ich hörte das Knarren des Bettes.

Wahrscheinlich hatte Papa sich gerade hingelegt. »Ich komme sofort nach der Arbeit nach Hause. Jeden Tag. Versprochen.«

Kurz sagte Mama nichts, als müsste sie erst überlegen. »Soll ich morgen etwas kochen, das du magst?« Sie legte eine Pause ein. »Vielleicht paniertes Schnitzel mit neuen Kartoffeln und Rotkraut?«

Ich nahm mein Ohr von der Wand, speicherte mein Spiel ab und schaltete den Gameboy aus. Papa würde morgen direkt nach Hause kommen und mit uns essen, dachte ich, immer wieder, wie ein Gebet. Und irgendwann schlief ich ein.

Mein größter Traum ist es zu fliegen. Also, nicht in einem Flugzeug, obwohl ich das noch nie gemacht habe und das bestimmt auch toll ist. Aber ich will Flügel wie ein Vogel, damit ich fliegen kann, wann und wohin ich will. Es muss toll sein, durch den Himmel zu gleiten, den Wind in den Federn zu spüren und – Achtung, Wolke voraus! Doch zu spät, ich fliege einfach hinein, mittendurch und auf der anderen Seite wieder heraus, zurück ins Blau. Dann würde ich irgendwo hinfliegen, wo es ganz still ist. Wo niemand jemanden anbrüllt und niemand weint. Wo es keine Sorgen gibt, keine Rechnungen oder Kneipen mit traurigen Gesichtern. Vielleicht ans Meer oder nach Österreich auf einen Bauernhof.

Tatsächlich spüre ich den Wind, doch nur auf der Haut, und er kommt vom Schaukeln. Die Sonne scheint, obwohl schon September ist, ich schaukle ein bisschen höher und springe in ihre Richtung ab, doch lande zwei Sekunden später im Gras. Ich versuche es noch einmal. Und noch mal, noch mal und so oft, bis meine Hände rot sind von den rauen Stricken der Schaukel. Opa ruft, ich springe ein letztes Mal von der Schaukel ab, mit aller Kraft und irgendwo zwischen Springen und Fallen fühle ich mich einen kurzen Moment lang schwerelos. Dann falle ich doch und lande abermals auf dem Gras. Opa ruft noch einmal und ich renne zu ihm.

Seit ich Opa vor ein paar Wochen bei der Salaternte geholfen habe, war ich immer wieder draußen bei ihm. Mir ist sowieso oft langweilig und Opa kann die Hilfe im Garten gut gebrauchen. Wir haben Beete geerntet, Pflanzenreste und Unkraut entfernt und die Erde umgegraben. Und während wir das gemacht haben, hat Opa seine Geschichten erzählt. Immer dann konnte ich Mama und Papa ein bisschen vergessen und die Luft hat nicht so schwer gegen meinen Kopf gedrückt, wie sie es drinnen manchmal tut.

»Ich zeige dir mal, was schon geschafft ist und was wir noch machen müssen«, sagt Opa, als ich ganz außer Puste bei ihm ankomme.

Heute säen wir das Wintergemüse aus. So heißt Gemüse, das nur über die Winterzeit wächst, weil ihm im Frühling und Sommer zu heiß ist. Was immer wir jetzt pflanzen, werden wir im nächsten Frühjahr ernten können.

»Diese vier Beete haben wir letzte Woche umgegraben. Vorhin habe ich sie noch einmal gefurcht und gut gegossen.« Zuerst deutet er auf ein paar Beete links von ihm, dann nach rechts. »In diesen beiden, da habe ich erst gestern eine späte Kartoffelsorte gezogen.«

Ich nicke verstehend. Deshalb will Mama heute Schnitzel, Rotkraut und Kartoffeln kochen. Wahrscheinlich liegt der ganze Keller voll damit.

»Kartoffeln schlagen so viele und lange Wurzeln, dass sie die Erde bereits gelockert hinterlassen.« Einmal zieht er trotzdem noch die Harke durch das Beet, dann zieht er ein kleines grünes Päckchen aus der Hosentasche und schüttelt es vorsichtig. Es raschelt. »Wir können jetzt also mit dem Säen anfangen.«

»Und was säen wir aus?«

»Ich dachte an jeweils zwei Beete Spinat, Radieschen und Feldsalat. Die gedeihen auch im Herbst noch sehr gut und überwintern problemlos.«

»Warum nur jeweils zwei Beete?«

»In einigen Beeten steckt noch Wurzelgemüse«, erklärt Opa und deutet auf die andere Seite des Gehwegs. »Die Möhren und die Schwarzwurzeln halten den ersten Frost aus. Bis dahin können wir frisch ernten, was wir brauchen.«

Opa greift in die Brusttasche seines Hemdes, findet kein Stofftaschentuch vor und wischt sich den Stirnschweiß mit dem Ärmel ab. Er sieht einmal quer über die Beete. »Es gibt nichts Schöneres, als draußen in der Natur zu sein.« Er kniet sich hin, schiebt die aufgelockerte Erde beiseite, reißt das Tütchen auf und streut ein paar der Samenkörner hinein. »Wenn ich das irgendwann nicht mehr kann …« Er verschließt das Loch mit derselben Erde. Dann macht er wie ein Krebs einen Schritt zur Seite und legt das nächste Loch frei. »Wenn ich irgendwann nicht mehr laufen kann …« Als die Saat im Loch ist und das Loch geschlossen, richtet er sich auf und streckt seinen Rücken durch. »Im Rollstuhl zu sitzen, das wäre für mich kein Leben mehr.«

Ein bisschen, denke ich, ist das wie mit mir und dem Fliegen. Auch hier draußen kann man ein Stück weit entkommen. Bestimmt würde Opa sich gefangen fühlen, wenn er immer nur im Haus im Rollstuhl säße. Die Luft würde auch schwer gegen seinen Kopf drücken. Der Gedanke, dass Opa irgendwann nicht mehr gehen kann, ist gruselig für mich. »Das verstehe ich«, sage ich trotzdem. Und meine es so.

Opa zieht ein weiteres Päckchen aus seiner Hosentasche und wirft es mir vor die Füße. Runde, kräftig rote Radieschen sind darauf abgebildet. »Hast du mir zugesehen?« Er wartet meine Antwort nicht ab. »Dann kannst du auf der anderen Seite anfangen.«

Am Abend sitze ich am Küchentisch und klappere mit dem Besteck. Mama hat gekocht und befüllt gerade die Teller. Steven sitzt neben mir und spielt mit seinem Handy.

»Wie war dein Tag?«, fragt Mama.

»Gut«, antwortet Steven und sieht nicht von seinem Handy auf.

»Wo warst du?«

»Bei einer Freundin.«

Und dann ist es wieder still. Mama stellt den ersten vollen Teller auf den Tisch vor meine Nase. »Du siehst aus, als hättest du besonders Hunger.«

Ich grinse. »Danke, Mama.«

Und dann höre ich das Klicken der Haustür und einen Moment später steckt Papa seinen Kopf durch den Türrahmen. »Das riecht aber gut«, sagt er, zieht sich die Schuhe aus und stellt sie auf das Regal zu den anderen.

»Papa«, sage ich und kann das Erstaunen in meiner Stimme nicht zurückhalten.

»Norman«, sagt Papa und lächelt. Und auch Mama lächelt, und noch bevor Papa sich setzen kann, steht ein gut gefüllter Teller an seinem Platz.

Wir essen gemeinsam zu Abend. Ich erzähle Papa, dass ich mit Opa im Garten gearbeitet habe. Ich erkläre ihm, was Wintergemüse ist und dass Kartoffeln den Boden auf natürliche Weise auflockern. Ich erzähle ihm, dass ich im Fernsehen gesehen habe, dass die größte Wasserrutsche der Welt in Brasilien steht und fast fünfzig Meter hoch ist. Ich erzähle ihm alles, was mir einfällt, weil er so lange nicht mehr mit uns beim Abendessen saß, er jetzt gerade hier ist und ich Angst habe, dass es schon morgen nicht mehr so sein könnte.

Als wir fertig sind, steht Mama auf, stapelt die Teller aufeinander und trägt sie zur Spüle. Steven starrt wieder auf sein Handy und ich sehe zu Mama, die grobe Essensreste von den Tellern spült. Papa räumt das benutzte Besteck zusammen und bringt es Mama an die Spüle.

Sie dreht sich um und nimmt es entgegen. »Danke, Klaus,« sagt sie und ich bin mir nicht sicher, ob sie wirklich das Besteck meint.

07. September 2004

Am Dienstag ist Papa schon nachmittags zu Hause. Er hat heute keine Arbeiten erledigt, sondern war beim Amt, um sich arbeitslos zu melden.

Kurz nach vier steht er in meinem Zimmer. Frisch geduscht, die Haare noch nass, in Jeans und T-Shirt. »Hast du Lust, in die Eisdiele zu gehen? Nur wir zwei?«

Ich springe freudestrahlend auf. Es ist so lange her, dass Papa und ich etwas zu zweit gemacht haben. Die Eisdiele liegt in Laufnähe, vorn an der Hauptstraße. Der Himmel ist bewölkt, aber es ist warm für September. Wir reden über ein Computerspiel, das ich manchmal spiele. Da pflegt man virtuelle Tiere und verdient Punkte mit kleinen Aufgaben, um Accessoires für sie zu kaufen. Papa denkt, ich rede von Pokémon, und ich muss laut lachen. Ich hole mir eine Kugel Zitrone in der Waffel und eine Kugel Schlumpf, weil das hellblau so schön ist. Papa isst zwei Kugeln Stracciatella. Wir setzen uns rein, aber ans Fenster. Papa erzählt mir einen Witz über einen Mann, der zum Bäcker geht und neunundneunzig Brötchen möchte. »Warum bestellt er nicht hundert?«, frage ich. Papa sagt mit verstellter Stimme: »Wer soll die denn alle essen?« Und dann lachen wir. Ich muss so viel lachen, dass mein Bauch wehtut.

Als wir fertig sind, nehmen wir für Steven, Mama und Opa einen Eisbecher mit. Zusammen können wir ungefähr erraten, welche Sorten jeder haben möchte. Opa will zweimal Vanille und Mama extra Sahne, das weiß ich. Die Frau hinter der Theke wickelt alles in buntes Papier und gibt es mir vorsichtig auf die Hand. »Mit beiden Händen gut festhalten«, sagt sie.

Ich nehme das Bündel entgegen, halte es aber nicht richtig und die Eisbecher fallen auf den Boden. »Oh nein«, seufze ich und sehe verunsichert zuerst die Eisverkäuferin und dann Papa an.

»Schon gut«, sagt er aber nur.

Die Eisverkäuferin lächelt. »Ich mach dir neue.«

Ich nicke erleichtert.

Auf dem Nachhauseweg scheint die Sonne. Ich laufe nah an Papa, er legt seinen Arm um mich und streichelt meine Schulter mit dem Daumen. Als wir an Paulas Kiosk vorbeikommen, wo Papa abends in die Kneipe geht, denke ich: Vielleicht, nur ganz vielleicht, wird ja alles wieder gut. Das Schreien und das Weinen hören einfach auf. Papa findet wieder Arbeit und nächstes Jahr fahren wir wieder in den Urlaub. Ich finde wieder Freunde und mir ist in den Sommerferien nicht mehr langweilig. Vielleicht, nur ganz vielleicht.

08. September 2004

Am Mittwoch bleibt Papa abends weg. Ich kann nicht schlafen und spiele unter der Bettdecke Gameboy. Als er nach Hause kommt, ist er betrunken. Das höre ich an der Art, wie er die Treppe hochgeht: langsam und unregelmäßig. Ich drücke mein Ohr gegen die Wand, als er die Tür zum Schlafzimmer öffnet.

Noch bevor er etwas sagen kann, weint Mama. Das Bett knarrt, ich höre Schritte. »Warum, Klaus?«

Mein Gameboy liegt neben mir und strahlt ein grelles, kaltes Licht aus. Eine fröhliche Acht-Bit-Melodie spielt leise vor sich hin. Ich presse die Lider aufeinander und zähle bis drei. Dann stehe ich auf und schleiche durch mein Zimmer. Ich verstecke mich hinter dem Türrahmen, die Stirn ans Holz gepresst und sehe mit dem linken Auge vorsichtig daran vorbei.

Mama steht im Türrahmen zum Schlafzimmer und lässt Papa nicht rein. Ihre Hand liegt flach auf ihrem Kehlkopf. »Du hast es mir versprochen.«

Papa lehnt an der Wand zu meinem Zimmer. Ihm fällt es offensichtlich schwer, sich auf den Beinen zu halten.

»Du hast gesagt, du gehst nicht mehr in die Kneipe, du trinkst nicht mehr. Und jetzt sieh dich an.« Ihre Lippen bewegen sich, doch ich kann sie kaum verstehen. Es ist, als ob der Raum und seine Sorgen ihre Stimme einfach verschlucken. »Drei Tage ging es gut. Und heute bist du wieder betrunken.« Plötzlich schluchzt sie laut: »Drei Tage.«

»Anna«, murmelt Papa und es klingt fast, als schliefe er im Stehen ein.

»Ich kann nicht mehr, Klaus.« Sie geht einen Schritt auf Papa zu, greift seinen Arm und leitet ihn zum Bett, in das er krachend fällt.

»Das verstehe ich«, flüstere ich. Und meine es so.

6

Alles ist gut

28. September 2004

Ich ziehe den Pinsel vorsichtig von links nach rechts. Die Linie muss gerade sein, sie stellt den Horizont da. Herr Mann hat gesagt, ich solle einen dünnen Pinsel verwenden und nur ganz wenig Farbe. Damit könne ich meine Bleistiftkonturen genauer nachziehen. Vorgezeichnet habe ich den Sonnenuntergang nämlich schon.

Vorgestern war ich dafür mit Opa am Mainufer gewesen. Wir haben uns eine Stelle ausgesucht, von der aus man die Sonne hinter der Brücke untergehen sieht. Bestimmt eine Stunde lang saß ich mit meinem Block da, um alles genau und zu meiner Zufriedenheit abzuzeichnen. Opa saß daneben und machte gar nichts. Das heißt, er machte eigentlich sehr viel. Wenn Opa gar nichts tut, hört er meist zu. Am liebsten den Vögeln, am Main aber auch den Wellen, wenn ein Schiff vorbeifährt, und den Insekten im Gestrüpp. Nicht, dass er besonders gut hören kann. Manchmal muss man Dinge zwei- oder dreimal sagen, bevor er sie versteht. Doch er hätte genau sagen können, wie viele Wellen ein Schiff ans Ufer schlagen ließ und wie viele Vögel in diesem Moment zwitscherten. Könnte man Bilder hören, wäre Opa ein großer Künstler.

Ich komme am rechten Rand des Blatts an und betrachte mein Ergebnis. Ein wenig muss ich in der Mitte nachbessern – perfekt. Jetzt noch die Brücke, dann …

»Oh, ups!« Etwas ergießt sich über mein Bild. Christian steht vor meinem Tisch und hält einen umgedrehten Becher über mein Blatt. »Wie konnte das denn passieren?«, grinst er.

Mein Bild ist durchnässt und beinahe schwarz vom Pinselwasser. Nichts zu retten. Ich kneife die Augen zusammen und versuche, nicht zu weinen. Ich war extra mit Opa dafür unterwegs gewesen und hatte mich so darauf gefreut, ihm das fertige Bild zu zeigen. Ich sehe zum Pult. Es ist leer. Herr Hofmann ist immer noch im Lehrerzimmer.

»Habe eh neues Wasser gebraucht.« Christian lässt den Becher auf mein Bild fallen und geht zum Waschbecken hinüber.

»Kann ich helfen?« Ich höre Tobias' Stimme hinter mir. Bevor ich mich umdrehen kann, reißt er meine Jacke vom Stuhl und drückt sie in das nasse, schmutzige Bild. »Das kriegt man schon sauber, wenn man nur genug mit Druck …«

Ich bekomme keinen Ton heraus. Als er fertig ist, ist vom Bild nichts übrig als ein paar schmutzige lose Fetzen. Ich kann die Tränen nicht mehr zurückhalten. Ich verschränke die Arme auf dem Tisch und lege meinen Kopf darauf, damit ich niemanden sehen muss.

»Heulsuse!«, höre ich Christian vom Waschbecken rufen.

Als es auf meinen Kopf tropft, sehe ich hoch. Tobias wringt meine Jacke über mir aus. »Aufhören!«, schreie ich und reiße Tobias die Jacke aus der Hand. Ich schluchze noch lauter: »Geht weg! Lasst mich einfach in Ruhe!«

»Und was für eine Heulsuse.« Er ruft zu Christian herüber: »Ruft jemand seine Mama an? Die kann auch gleich saubermachen. Ist doch Putzfrau und wischt jeden Tag die Scheiße aus den Klos!«

Christian lacht, Tobias lacht. Die Reihe hinter mir lacht und wahrscheinlich die ganze Klasse. Ich weine immer noch, den Kopf wieder in den Armen vergraben. »Warum?«, presse ich hervor. »Warum macht ihr das?«

Tobias schnauft abfällig und geht zurück zu seinem Platz. In meine Richtung ruft er: »Weil du du bist.« Gelächter. »Wir machen das, weil du du bist.«

Mama blättert in einem Frauenmagazin, das neben ihr auf der Sofa-lehne liegt. Wir sitzen in Opas Wohnzimmer, ich auf ihrem Schoß und mein Kopf auf ihrer Schulter. »Mamakind!«, würden die Jungen aus meiner Klasse mich jetzt nennen. Die kuscheln nicht mehr mit ihren Eltern, dafür seien sie schon zu groß. Ich finde, solange Mama nicht sagt, dass ich ihr zu schwer bin, bin ich auch nicht zu groß zum Kuscheln.

Es ist Dienstag, da kommt Steven später aus der Schule, Mama früher von der Arbeit und wir haben ein paar Stunden allein. An den restlichen Tagen ist sie noch unterwegs, wenn ich nach Hause kom-me. Im Kühlschrank steht dann immer ein Teller mit einem Zettel dran, auf dem mein Name steht und eine Notiz: »Für drei Minuten in die Mikrowelle.«

Ich verstehe, dass Mama arbeiten gehen muss. Weil Papa mo-mentan so wenig Arbeit hat und so viele Rechnungen bezahlt wer-den müssen. Und dass sie jetzt Putzfrau ist, finde ich nicht schlimm. Mama auch nicht. Gestern kam sie mit einem breiten Lächeln nach Hause. Sie putzt in der Hauptschule und eins der Kinder hätte ihr ge-sagt, bei ihm zu Hause seien die Toiletten nicht so sauber. Da war sie ganz stolz und hat es allen erzählt. Opa, Steven, mir und sogar Tante Heidi, als sie angerufen hat.

»Ist alles okay, mein Schatz?«, durchbricht Mama die Stille. So nennt sie mich immer. Ich finde das nicht schlimm, aber ganz ehrlich weiß ich nicht, ob »Schatz« das richtige Wort für mich ist. Ich bin nichts, das so wichtig ist, dass man dafür eine Schatzkarte malen und mich mit einem Kreuz markieren müsste. »Du bist so ruhig heute.«

Weil sie in der Schule mein Bild kaputtgemacht haben, sage ich in Gedanken. Weil ich mir so viel Mühe damit gegeben habe und es Opa zeigen wollte, wenn es fertig ist. Weil meine Jacke jetzt ganz schmutzig ist und niemand etwas dagegen gemacht hat. Weil ich im-mer noch keine Freunde in der Klasse habe und nächsten Sommer wieder allein herumsitzen werde. Weil mich alle nur ärgern! Weil ich ich bin! All das sage ich in Gedanken, schreie es in meinen Kopf hinein und wünschte, ich könnte es stattdessen herausschreien. Aber ich will nicht, dass Mama sich Sorgen macht, weil ich weiß, dass sie schon so viele davon hat.

»Ich bin nur müde«, sage ich also und vergrabe mein Gesicht in ihrer Halsbeuge. »Alles ist gut.«

29. September 2004

Ich schreibe den letzten Satz, setze einen Punkt und betrachte stolz den Notizblock. Meine Geschichte, Kapitel neun: Der Junge mit den magischen Kräften ist geschwächt. Seine Feinde werden stärker und er muss alle Energie darauf verwenden, sich zu schützen. An den Blattrand male ich ein Bild: Wieder schwebt der Junge in der Luft, doch diesmal schießen keine Blitze aus seinen Händen. Ein Kreis aus Elektrizität umgibt ihn wie ein Schutzschild. Unter ihm ziehen kleine schwarze Gestalten vorbei. Manche greifen nach ihm, andere bewerfen ihn mit Steinen, die an dem Schild abprallen.

Ich lege den Stift beiseite und stehe auf, um mir eine Flasche Wasser zu holen. Mein Hals ist ganz trocken. Doch wenn ich schreibe, bin ich wie gefangen in einer anderen Welt. Meine Welt verstummt dann, die Zeit vergeht viel schneller und ich bemerke so etwas gar nicht. Am Treppenabsatz bleibe ich stehen. Von unten höre ich ein Klappern, wie Besteck, das aneinanderschlägt. Mama muss nach Hause gekommen sein, während ich geschrieben habe. Ich will sie überraschen, gehe die Treppe auf Zehenspitzen hinunter, schleiche den Flur entlang und bleibe im Türrahmen zur Küche stehen.

Mama steht am Geschirrspüler. Mit der einen Hand stützt sie sich an der Arbeitsfläche ab, in der anderen hält sie eine Tasse. Sie sieht nach unten, schüttelt immer wieder den Kopf und weint dabei leise.

»Mama«, sage ich perplex.

Als sie mich bemerkt, wischt sie sich hektisch die Tränen von den Wangen: »Mein Schatz!« Sie versucht zu lächeln und ihre Mundwinkel, wie sie so nach oben zeigen, sehen ganz falsch aus in ihrem Gesicht mit den feuchten Wangen und den rot verweinten Augen.

Ich gehe ein paar Schritte auf sie zu und sage: »Du weinst ja.« Weil ich nicht weiß, was ich sonst sagen soll.

»Was, nein!« Sie reißt ein Küchenpapier ab und putzt sich damit die Nase. »Ich weine doch gar nicht.« Dann dreht sie sich weg, stellt die Tasse auf das Abtropfgitter und räumt den Geschirrspüler weiter aus. »Alles ist gut!«

In Gedanken antworte ich: Gar nichts ist gut. Ich glaube, in ihrem Kopf streitet sie sich mit Papa. Es geht darum, dass er nie zu Hause ist, dass er keine neue Arbeit findet. Es geht um das Trinken, das er nicht sein lassen kann, und die vielen unbezahlten Rechnungen. In ihrem Kopf ist all das, denke ich. Und weil sie es durch den Mund nicht rauslässt, kommt es eben aus den Augen.

»Alles ist gut«, antworte ich.

7

Wenn ich gehe, nehme ich dich mit

07. November 2004

Zum Ende der Herbstferien schickt mich Mama am Sonntag um Punkt neun ins Bett. Das ist früher als sonst, weil ich in den Ferien jeden Tag lange auf war und morgen in der Schule nicht müde sein soll.

»So, Schatz«, sagt sie und deckt mich zu.

»Du musst mich noch einpacken«, sage ich, als Mama schon aufstehen will.

Sie nimmt die oberen Enden der Bettdecke und steckt sie links und rechts unter meine Schultern. Dann streicht sie mir die Haare aus der Stirn. »Fast vergessen.« Sie gibt mir einen Kuss auf die Wange. »Gute Nacht.«

»Mama«, sage ich, bevor sie wieder aufstehen kann. »Erzählst du mir noch eine Gutenachtgeschichte?«

Mama überlegt kurz, dann schüttelt sie den Kopf. »Normi, dafür bist du doch zu alt.«

»Was?«, frage ich enttäuscht. Ich will nicht zu alt für eine Gutenachtgeschichte sein. Ich will für gar nichts zu alt sein. »Ich bin doch erst elf! Und ich habe so lange nicht mehr danach gefragt.«

Doch Mama schüttelt nur wieder den Kopf.

»Bitte, Mama! Der arme Mann und das Mädchen!« Das ist meine Lieblingsgeschichte. Als ich klein war, hat Mama sie ständig erzählt.

»Schatz«, sagt Mama, lehnt sich zu mir herunter und schaut mich aus müden Augen an. »Ich weiß doch gar nicht mehr, wie die geht.«

Ich nicke traurig. »Okay.«

Mama gibt mir noch einen Kuss, diesmal auf die Stirn. Dann steht sie auf, verlässt mein Zimmer und zieht die Tür hinter sich zu.

Ich wickle mich aus der Bettdecke, steige aus dem Bett und öffne die kleine Kiste, in der ich alle meine Hörspiel-CDs und -kassetten aufbewahre. Das meiste ist von Digimon, inzwischen habe ich aber auch ein paar Folgen »One Piece« und »Dragonball Z«. Ich entscheide mich für Digimon, Folge 2: »Nächtliches Abenteuer«, lege die CD ein, stelle den CD-Player auf Repeat und klettere zurück ins Bett.

Die Hörspielfolge läuft zweimal durch und ich liege immer noch wach. Wenn ich einschlafe, ist Morgen und dann muss ich in die Schule. Dann werde ich Christian und Tobias wiedersehen und die ganzen anderen, die mich immer ärgern. In der Pause werde ich wieder allein dasitzen und die Kinder beobachten, die auf dem Pausenhof spielen. Oft ist mir schon während des Frühstücks mulmig im Bauch und im Bus wird mir oft schlecht. Manchmal lässt Mama mich dann zu Hause bleiben. Manchmal tue ich auch nur so, als ob mir schlecht ist, damit ich nicht in die Schule muss. Dann habe ich zwar immer ein schlechtes Gewissen, aber das ist immer noch besser, als in die Schule zu müssen. Ich hasse die Schule.

Noch einmal stehe ich auf. Ich will Mama fragen, ob ich heute Nacht bei ihr schlafen kann. Ich muss daran denken, als ich acht war und heimlich ferngesehen habe. Da ging es um ein Kind, das Angst vor einem Monster in seinem Schrank hat und deshalb nicht mehr in seinem Zimmer schlafen will. Seine Freunde machen sich über ihn lustig, gehen in den Schrank, schließen die Tür und schreien, als würden sie von einem Monster gefressen. Als die Mutter des Jungen aufgrund des Lärms hereinkommt und die Schranktür öffnet, ist eines der Kinder verschwunden. Es taucht nie wieder auf. Am Ende der Sendung erklärt ein grauhaariger Mann, dass die Geschichte vielleicht unglaublich, aber so passiert sei. In meinem Zimmer steht ein großer Wandschrank direkt am Fußende meines Bettes. Ich setze zwei Wochen lang keinen Fuß in mein Zimmer und schlafe stattdessen im Bett meiner Eltern.

Als ich das Schlafzimmer betrete, zieht Mama hastig ein paar Klamotten aus dem Kleiderschrank und wirft sie aufs Bett. Dort liegt ein großer schwarzer Koffer.

Ich bleibe im Türrahmen stehen. »Mama …«, sage ich entgeistert.

Sie hält inne, ein paar Blusen und T-Shirts in ihrer Hand, und sieht mich an. »Norman.«

Ich starre sie mit großen Augen an. Für ein paar Sekunden weiß ich gar nicht, was passiert. Dann steigen mir Tränen in die Augen. »Mama«, sage ich wieder, diesmal schluchzend. »Mama, was machst du denn da?«

Sie legt die Blusen und T-Shirts auf dem Bett ab und kommt einen Schritt auf mich zu.

»Mama, gehst du weg?«

»Schatz«, haucht sie.

Ich denke an den Abend zurück, als Mama mir vom frühen Tod ihrer Mutter erzählt hat. An das Versprechen, das sie mir daraufhin gegeben hat. Da fange ich an zu schreien: »Du hast gesagt, du bleibst immer bei mir!« Ich fühle mich hilflos, weine hysterisch. »Du hast gesagt, du lässt mich nicht allein. Das hast du gesagt!«

Mama geht in die Hocke und nimmt mich in den Arm. »Weißt du, Norman, manchmal muss ich wissen …« Und dann weint auch Mama. »Manchmal muss ich wissen, dass ich gehen kann. Dass ich gehen kann, wenn ich es nicht mehr aushalte. Dass ich dann einfach gehen kann.«

»Bitte Mama, geh nicht weg.«

Sie drückt mich fest an sich. »Wenn ich gehe, nehme ich dich mit, okay?« Wieder und wieder küsst sie meine Wange. »Ich kann nicht versprechen, dass ich nicht irgendwann gehe, aber wenn ich gehe, dann nehme ich dich mit.«

Ich löse mich aus ihrer Umarmung, ziehe die Nase hoch, wische mir die Augen mit dem Ärmel meines Schlafanzugs trocken und sehe sie an. »Versprochen?«

»Versprochen.«

Wir räumen den Koffer gemeinsam wieder aus und packen die Kleidung zurück in den Schrank. Den leeren Koffer verschließen wir, stecken ihn zurück in die Plastikfolie und verstauen ihn im unteren Fach.

Ich muss Mama nicht fragen, ob ich bei ihr schlafen darf. Sie macht einfach das Licht aus und legt sich ins Bett. Ich kuschle mich an sie, halte sie fest. Ich traue mich nicht, einzuschlafen. Was, wenn Mama es sich anders überlegt und doch geht? Mein Herz hämmert in meiner Brust. Noch nie in meinem Leben hatte ich solche Angst.

08. November 2004

Als ich am Montag aus der Schule komme, ist Mama nicht zu Hause. Sie ist arbeiten wie jeden Montag. Trotzdem gehe ich in ihr Schlafzimmer, öffne den Schrank und sehe nach dem Koffer. Er liegt unbewegt in seiner Plastikfolie im unteren Fach. Ich ziehe ihn heraus, wickle ihn aus der Folie aus, öffne den Reißverschluss und dann den Koffer. Er ist leer. Ich atme erleichtert aus. Dann schließe ich Koffer und Reißverschluss wieder, wickle ihn in die Plastikfolie und lege ihn zurück in den Schrank.

Jeden Tag, wenn ich aus der Schule komme und Mama nicht da ist, sehe ich nach dem Koffer. Der Koffer wird zu meiner Versicherung. Wenn er da ist, ist auch Mama noch da. Immer wieder sage ich mir: »Sie hat es versprochen. Wenn sie geht, nimmt sie mich mit.«

»Manchmal muss ich wissen, dass ich gehen kann«, hat sie gesagt. Und ich denke: Vielleicht braucht sie das. Vielleicht muss sie alles einpacken, um zu wissen, dass sie alles wieder auspacken will. Vielleicht muss sie darüber nachdenken zu gehen, um bleiben zu können.

Mama packt ihren Koffer noch zweimal. Doch wichtiger ist: Sie packt ihn immer wieder aus.

8

Sirenen

28. Dezember 2004

Kapitel elf meiner Geschichte: Der Junge mit den magischen Kräften hat all seine Magie aufgebraucht. Er ist nur noch ein ganz normaler Junge. Nun rennt er, hinter ihm die Horde schwarzer Gestalten. Während er bereits um Luft ringt, scheinen seine Verfolger mit jedem Meter noch schneller zu werden. Sie trampeln laut, schnalzen mit den Zungen und werfen ihre Klauen nach ihm aus.

Er sieht hinter sich. Zwei der Gestalten sind ihm besonders nahe. Eine davon zieht einen großen schwarzen Koffer hinter sich her. Sie lacht schrill und ruft immer wieder: »Alles ist gut! Alles ist gut!« Die andere trägt eine Weste, schluchzt laut und brüllt: »Hast du den Papa noch lieb?« Dann schreien beide durcheinander: »Hilfe!«, »Alles versoffen!« und »Heute bist du wieder betrunken!«

Der Junge schreit zurück: »Hört auf! Hört endlich auf!« Seine Beine werden schwach, seine Fußsohlen taub. Er weiß: Das hier sind die letzten Meter, gleich würden die Gestalten ihn einholen. In diesem Moment spürt er eine einzelne Kralle über seinen Rücken fahren. Sie zerreißt sein Shirt, hinterlässt eine feine rote Spur auf seiner Haut. »Hört auf! Ich kann nicht mehr! Ich …«

Meine Bleistiftspitze bricht ab, rollt über die Seite des Notizbuches, hinterlässt einen feinen Grafitfilm und fällt zu Boden. Ich stehe auf und schließe die Rollläden, um die Dunkelheit auszusperren. Dann lese ich all die Sätze durch, wieder und wieder.

Als das Telefon klingelt, zucke ich zusammen. Mama schläft schon, Papa ist nicht zu Hause, Steven übernachtet bei einer Freundin und

Opa hört das Telefon nicht, wenn der Fernseher läuft. Ich lege das Notizbuch zurück in die oberste Schublade meines Schreibtisches, renne die Treppe hinunter und hebe den Hörer ab.

»Hallo«, sage ich.

»Norman?«, sagt eine Frauenstimme. Sie klingt hektisch. Im Hintergrund höre ich weitere Stimmen, verstehe aber nicht, was sie sagen. Hier und da klirren Gläser. Etwas Schweres wird über den Boden geschleift. Die Frau atmet schwer in den Hörer. »Norman, bist du's?«

»Ja«, antworte ich. Und hänge an: »Wer ist denn da?«

»Die Paula«, sagt die Frauenstimme und da macht es bei mir klick: Papa, der nicht zu Hause ist. Paula, die aufgeregt anruft.

»Wo ist Papa?«, platzt es aus mir heraus.

»Norman, du musst mir die Mama ans Telefon holen.«

Ich muss schlucken. Mir ist, als spüre ich meine Beine nicht mehr. Die Hand, mit der ich das Telefon halte, wirkt wie ein Fremdkörper auf mich. Nur meinen Kopf kann ich noch fühlen und diesen einen Gedanken, der immer größer und größer wird, bis ich schon Druck auf den Ohren bekomme. »Die Mama schläft«, sage ich tonlos.

Paula brüllt ins Telefon: »Geh und weck sie auf!«

Sofort lasse ich den Hörer fallen und renne die Treppe hoch. Vor dem Schlafzimmer meiner Eltern, die Türklinke schon in der Hand, halte ich einen Moment inne. Mein Atem geht flach, Hitze steigt in mir auf. Ich weiß nicht, ob vor oder zurück. Wenn ich nicht reingehe, Mama aufwecke und ans Telefon hole, stattdessen einfach auflege und schlafen gehe, dann ist vielleicht morgen, wenn ich aufwache, alles wieder in Ordnung – einfach so.

Ich schüttle den Kopf und drücke die Türklinke langsam herunter. Der Raum ist dunkel, nur ein Spaltbreit Licht fällt durch die Tür ins Zimmer. Auf Zehenspitzen gehe ich über den Teppichboden zum Bett und klettere hinein. Auf Papas Seite liegen Kissen und Decke noch genauso ordentlich da wie heute Morgen. Mama liegt mit dem

Gesicht zur Wand. Ich fasse ihr an die Schulter, rüttle vorsichtig und flüstere: »Mama? Mama, bist du wach?«

Sie dreht sich um und blinzelt. Ein paar Sekunden vergehen still und dunkel, dann streckt sie ihre Hand nach meinem Gesicht aus und fasst mir an die Wange. Ihre Finger sind rau vom Putzwasser. »Was ist denn los, mein Schatz?«

Ich hole tief Luft und atme stoßweise wieder aus. »Irgendwas ist mit Papa.«

Sofort richtet sie sich auf. »Was? Was ist mit deinem Papa?«

»Ich weiß nicht«, gebe ich zu. »Paula hat angerufen und gesagt, ich soll dich wecken. Also …«

»Scheiße.« Mama wirft die Decke beiseite und steigt aus dem Bett. »Scheiße«, sagt sie immer wieder, während sie den engen Weg zwischen Bett und Wandschrank entlangstolpert. »Scheiße. Scheiße.«

»Tut mir leid«, antworte ich, krabbele aus dem Bett und laufe ihr nach. »Ich bin hochgerannt, so schnell ich konnte, wirklich.«

Sie rennt die Treppe hinunter. Ich bleibe am oberen Ende der Treppe sitzen und spähe die steilen Stufen hinunter.

Mama greift den Hörer, der an seiner Schnur baumelt und brüllt hinein: »Paula? Paula?!« Mit der freien Hand zieht sie ihr Nachthemd zurecht. Ihre Stirn glänzt im warmen Flurlicht. »Was ist passiert?!«

Ich ziehe die Knie an und schlinge meine Arme darum. Mama nickt, dann verzieht sie das Gesicht und hält sich die Hand vor den Mund. Sie sagt: »Paula, hast du einen Krankenwagen gerufen?«

Und dann passiert alles Schlag auf Schlag.

Mama schluchzt laut ins Telefon: »Ich komme, ich bin gleich da!« Sie wirft den Hörer auf die Kommode und stürmt die Treppe hinauf.

Ich rücke schnell zur Seite, damit ich nicht im Weg sitze. »Mama, was ist denn?!«

»Norman, du musst runter zum Opa gehen.« Sie prescht an mir vorbei. »Geh zum Opa und bleib da, ja?«

»Was ist denn los?!«

»Geh zum Opa!«, ruft sie noch mal und verschwindet im Schlafzimmer. Sie reißt den Kleiderschrank auf, zieht sich eine Hose über und ein paar Socken, rennt wieder hinaus und die Treppe runter an mir vorbei. »Norman, bitte!«

Ich halte die Luft an und folge ihr nach unten. Sie eilt zur Garderobe, reißt ihre Jacke vom Haken und rennt in Opas Wohnzimmer. »Papa!«, ruft sie, während sie sich die Jacke überwirft.

Opa sitzt auf der Couch, hat die Füße auf dem Tisch liegen und die Arme hinterm Kopf verschränkt. Im Fernsehen sitzen fünf Menschen auf Sesseln im Kreis.

»Papa!«, ruft Mama noch mal.

Opa dreht den Kopf, sieht Mama an und legt die Stirn in Falten. »Anna, was ist los?« Er setzt die Füße auf den Boden, stemmt die Hände auf die Oberschenkel und richtet sich mühsam auf.

»Papa, du musst auf den Norman aufpassen!«, schreit Mama und deutet in den Flur.

Kurz sieht Opa zu mir, dann wieder zu Mama. »Was ist denn los, Anna?«

»Klaus wurde überfahren, vorn an der Kneipe!« Noch während Mama spricht, rennt sie aus dem Wohnzimmer, den Flur entlang und an mir vorbei. Hastig steigt sie in ein Paar abgewetzte Turnschuhe, zieht den Schlüsselbund vom Fensterbrett und stürmt zur Haustür hinaus.

Ich stehe nur da und kann mich nicht bewegen. Auch Opa ist bewegungslos. Er sieht starr geradeaus, als stünde Mama noch immer vor ihm. Das Hoftor knallt, als Mama es hinter sich in die Angeln wirft. Opa zuckt zusammen, sieht mich an und dann höre ich Sirenen.

Ich renne zu ihm, schlinge meine Arme um seinen Bauch und drücke mein Gesicht gegen seine Brust. Ich will weinen, doch nichts passiert.

»Dieser Nichtsnutz!«, flucht Opa.

Ich denke an unseren Angelausflug. Ich denke an den Tag, an dem Papa und ich das Mixtape aufnahmen, oben in seiner Werkstatt, die er mit eigenen Händen erbaut hat.

»Wie kann er das seiner Familie antun?«, schimpft Opa weiter.

Ich denke daran, wie Papa auf die Autobahn rannte, nur um meine Jacke zu holen. Ich denke an die Losbox, die Papa kaufte, nur um den Hauptgewinn einzusacken. Ich denke an das Kettenkarussell, das nicht nur im Kreis, sondern auch hoch und runter ging. Das hier muss unten sein, denke ich dann. Das hier muss ganz unten sein.

Irgendwann verstummen die Sirenen und wo eben noch alles furchtbar laut war, ist plötzlich alles furchtbar still. Nur die Leute im Fernsehen sitzen noch auf ihren Sesseln, fassen sich aufgeregt an den Kopf und fallen sich gegenseitig ins Wort. Opa streichelt mir mit seinen großen Händen übers Haar. Immer und immer wieder.

Mama hat später noch angerufen. Zuerst hat sie mit Opa gesprochen und dann mit mir. Sie hat nicht geweint am Telefon, nur manchmal ganz tief ein- und ausgeatmet. Ein Krankenwagen habe Papa abgeholt und sie habe mitfahren dürfen. Jetzt warte sie in der Notaufnahme. Papa sei am Kopf verletzt, die Ärzte würden sich gerade um ihn kümmern und alles werde gut.

Opa bleibt an meinem Bett sitzen, bis ich das Hörspiel angeschaltet habe, Digimon, Folge 5: »Verschollen in Eis und Schnee«. Als der Intro-Song läuft, breitet er die Decke über mir aus, klemmt sie links und rechts unter meine Schultern, wie ich es mag, und gibt mir einen Gutenachtkuss. Ich höre seinen Schritten nach, die vorsichtig die Treppe hinabsteigen, Stufe für Stufe. Als er unten angekommen ist, zähle ich bis zehn und krieche wieder unter der Bettdecke hervor. Ich schleiche zu meinem Schreibtisch, öffne die erste Schublade von oben und ziehe mein Notizbuch heraus. Dann zerreiße ich alle elf Kapitel meiner Geschichte.

9

Dein Papa und ich

29. Dezember 2004

Am nächsten Morgen sitzen Opa und ich in der Küche. Während Opa schon zum Frühstück Hemd und Hose trägt, sitze ich ihm im Schlafanzug gegenüber. Auf dem Tisch vor ihm stehen ordentlich aufgereiht eine große Tasse Kaffee mit Kondensmilch, ein Brettchen mit einer Scheibe Schwarzbrot, darauf Butter und Hagebuttenmarmelade. In der Hand hält er die Regionalzeitung, das *Main-Echo*. Ich trinke warmen Kakao. Schon vor einer Stunde hat Mama angerufen. Sie hat im Krankenhaus bei Papa geschlafen. Ihm ginge es okay, sagt sie, aber er muss noch einige Tage dort bleiben. Ich durfte kurz mit ihr reden, aber leider nicht mit Papa.

Ich höre das Tor knallen, dann geht die Tür auf. Mama kommt in die Küche, legt ihre Handtasche auf einen Stuhl und stützt sich an der Lehne ab. Ihre Augen sind gerötet, als hätte sie vor Kurzem geweint.

Opa sieht von der Regionalzeitung auf. »Wie geht es Klaus?«

Mama schnauft und schüttelt den Kopf. »Das kann er dir gleich selbst sagen.«

In diesem Moment kommt Papa um die Ecke. Um seinen Kopf ist ein großer weißer Verband gewickelt. Er hat Schürfwunden im Gesicht, auf denen sich eine dunkelrote Kruste gebildet hat. Seine Sachen, die er noch vom Vortag trägt, sind schmutzig und an einigen Stellen gerissen.

»Papa«, sage ich und kann beim Anblick des Verbands die Tränen nicht zurückhalten. »Papa, geht's dir gut?«

Mama greift über den Tisch, nimmt meine Hand und drückt sie fest. »Alles gut, mein Schatz.« Dann sieht sie zu Papa und schüttelt den Kopf. »Dein Papa ist in Ordnung.« Sie lässt meine Hand wieder los, zieht ein Taschentuch aus ihrer Handtasche und putzt sich lautstark die Nase. »Die Ärzte sagen, er müsste noch mindestens eine Woche im Krankenhaus bleiben. Aber dieser Sturkopf hat sich gegen ärztlichen Rat selbst entlassen.«

Stumm setzt sich Papa auf den Stuhl neben mich. Seine Bewegungen sind langsam, als wäre er furchtbar müde.

»Wie damals schon«, wütet Mama weiter. »Damals, als er im Hof Holz gesägt hat und sein Daumen in die Kreissäge geraten ist. Der Schnitt war tief und hätte von einem Arzt versorgt werden müssen. Aber anstatt in ein Krankenhaus zu gehen, hat dein Vater sich selbst ein bisschen Verband um die Wunde gewickelt und alles mit Panzertape fixiert.«

Opa schüttelt den Kopf, beißt in sein Marmeladenbrot und blättert auf die nächste Seite.

Ich habe immer noch Tränen in den Augen, weil Papa da mit seinem Verband sitzt und nichts sagt. Alle sind so wütend, dabei bin ich nur froh, dass er hier ist und nicht tot. »Aber Mama«, sage ich, »und Opa!« Ich schüttle den Kopf. »Papa geht es gut, das ist die Hauptsache.«

Ich stehe auf und umarme Papa. Als ich meinen Kopf in seine Halsbeuge drücke, schreit er plötzlich auf. »Scheiße«, brüllt er. »Scheiße!«

Ich schrecke zurück, weiß nicht, was gerade passiert ist. Für einige Sekunden starre ich Papa nur an und kann mich nicht bewegen.

»Genau, Klaus«, sagt Mama und greift erneut nach meiner Hand. »Solange dein Kind dich nicht gefahrlos umarmen kann, gehörst du noch ins Krankenhaus.« Sie lässt meine Hand wieder los und bedeutet Papa aufzustehen. »Komm, wir legen dich wenigstens hin«, sagt sie.

Während sie ihn aus der Küche führt, sehe ich Papa nach. »Ich wollte dir nicht wehtun«, flüstere ich. Doch er scheint mich nicht zu hören.

Opa nimmt einen Schluck Kaffee und stellt die Tasse vorsichtig wieder ab. »Du wolltest ihm nicht wehtun«, sagt er und streicht mir über den Rücken.

In dieser Nacht halte ich mein Ohr regelmäßig an die dünne Wand, die mein Zimmer vom Schlafzimmer meiner Eltern trennt. Ich will hören, dass Papa noch atmet. Ich will nur hören, dass er noch atmet.

06. Januar 2005

Mama pflegt Papa acht Tage lang. Sie kocht für ihn, hilft ihm, sich zu waschen, kauft für ihn ein. Papa erholt sich. Seine Schmerzen lassen nach, seine Wunden heilen. Weil er das Haus nicht verlassen kann, hat er seit dem Unfall nicht getrunken.

Am neunten Tag ruft Mama mich zu sich. »Norman, die Mama muss mal mit dir reden!«

Ich denke an die letzten Male, an denen Mama oder Papa »mit mir reden mussten«. Da ging es darum, dass wir das Auto verkaufen müssen. Dass wir dieses Jahr nicht in den Urlaub können, weil Papa keine Arbeit mehr hat. Oder darum, ob ich Papa noch lieb habe. Als ich ins Wohnzimmer komme, sitzt Mama schon auf der Couch.

Sie klopft auf ihre Oberschenkel. »Komm mal her«, sagt sie.

Ich setze mich auf Mamas Schoß, lege meinen Kopf in ihre Halsbeuge und schließe die Augen. »Was ist denn los, Mama?«, flüstere ich.

Sie drückt mich fest an sich. »Du hast bestimmt mitbekommen, dass die Mama und der Papa sich in letzter Zeit oft gestritten haben«, sagt sie und legt ihre Hände schützend in meinen Nacken.

Ich nicke.

»Weißt du«, sie richtet sich ein Stückchen auf, »hey, schau mich mal an.«

Ich hebe meinen Kopf und schaue sie an. Ihre Augen sind feucht und glitzern. Ich suche nach ihren Händen und halte sie fest.

»Dein Papa und ich …« Mama kann nicht weitersprechen, weil sie anfängt zu weinen.

»Dein Papa und ich …«, sagt sie wieder, diesmal fester, und holt tief Luft. »Dein Papa und ich, wir trennen uns.« Sie lässt mich los und hält sich die Hände vors Gesicht. »Norman, der Papa zieht aus.«

Dann fange ich auch an zu weinen. Aber nicht, weil ich traurig bin. Ich wünschte, es wäre, weil ich traurig bin. Ich bin nicht traurig. Ich weine, weil alles endlich ein Ende hat. Wenn Papa auszieht, hört das Streiten endlich auf. Ich werde nie wieder aufwachen, weil geschrien oder geweint wird. Keine Geheimnisse mehr, keine Versprechen. Endlich, denke ich, endlich hört es auf. Ich weine, weil ich so erleichtert bin – und fühle mich schrecklich dabei.

Ich nehme Mama in den Arm und drücke sie so fest an mich, wie ich kann. Sie weint jetzt hemmungslos. Mein Hals ist nass von ihren Tränen.

Sie schluchzt: »Es tut mir leid.« Immer wieder: »Es tut mir leid. Es tut mir leid.« Dann sieht sie mich aus verweinten Augen an und sagt: »Weißt du, Norman, die Mama kann einfach nicht mehr.«

Und ich weiß genau, was sie meint. Denn mir geht es genauso.

10

Gar nicht so gern am Leben

21. Mai 2005

Fünf Monate und mein Geburtstag sind vergangen, ohne dass ich Papa gesehen hätte. Einmal holte er ein paar Sachen aus seiner Werkstatt. Da saß ich gerade in der Küche, schaute aus dem Fenster und sah ihn durch den Hof hineingehen. Mit ein paar Kisten auf dem Arm kam er wieder heraus. Wohl seine Anlage und die Schallplatten. Vielleicht Werkzeug. Ich traute mich nicht, rauszugehen und ihn anzusprechen. Er kam auch nicht ins Haus, um mich zu sehen.

Wir sprechen selten über Papa. Manchmal frage ich Mama, wie es ihm geht, doch sie weiß es nicht. Er reagiere nicht auf ihre Anrufe. Letztens hat Mama mit Tante Ilona telefoniert und von Papa erzählt. Er bezahle keinen Unterhalt an sie und das liege bestimmt daran, dass er alles versaufe.

Ich habe schnell gemerkt, dass uns Geld fehlt. Zum Geburtstag habe ich mir ein Gameboy-Spiel gewünscht. Stattdessen bekam ich Schulsachen, eine Hose und ein bisschen Schokolade. Dann brauchte Steven noch Nachhilfe in Mathe und Mama musste eine zweite Arbeit anfangen. Sie putzt jetzt auch im Vereinshaus und die Toiletten auf dem Friedhof. Seitdem hat sie keinen freien Tag mehr. Wenn sie mal zu Hause ist, ist sie mit Hausarbeit beschäftigt. Manchmal am Abend, wenn ich mein Ohr an die Wand zu ihrem Schlafzimmer halte, höre ich sie noch immer weinen. Aber viel seltener als zu der Zeit, als Papa noch hier war.

Einmal habe ich Steven nach Papa gefragt. »Keine Ahnung«, sagte er da und winkte ab. »Interessiert mich auch nicht.« Er verbringt wieder mehr Zeit zu Hause, seit Papa ausgezogen ist. Trotzdem machen wir wenig zusammen und reden selten miteinander.

Die meiste Zeit verbringe ich mit Opa. Ich helfe ihm oft im Garten. Letzte Woche haben wir zusammen ein Vogelhaus gebaut. Opa hat die Umrisse auf einer Spanplatte vorgezeichnet und ich durfte sie mit der Säge ausschneiden. Manchmal spielen wir Karten. Wenn ich lange Schule habe, nimmt er meine Lieblingsserie »Detektiv Conan« für mich auf Video auf. Manchmal sehen wir abends gemeinsam fern. Opa guckt oft Krimis, Heimatfilme oder die Nachrichten. Nichts davon will ich wirklich sehen. Aber wenn ich mit ihm auf dem Sofa liege, den Kopf auf seiner Brust, und seinen Geruch einatme, fühle ich mich sicher.

Im Mai treffe ich Papa das erste Mal, seit er ausgezogen ist. An meinem Geburtstag haben wir telefoniert. Er hat mir gratuliert, »Super, jetzt bist du schon zwölf« gesagt und gefragt, ob wir uns treffen wollen. Wir könnten ja mit dem Zug nach Aschaffenburg fahren, meinte er. Nächste Woche Samstag hätte er Zeit. Dann haben Papa und Mama kurz am Telefon geredet. Aber oben, damit ich nichts hören kann.

Um drei Uhr bringt Mama mich zum Bahnhof. Sie zieht mir ein Ticket, dann warten wir kurz am Bahnsteig. Papa wird bereits im Zug sitzen, ich muss nur zusteigen. Als der Zug einrollt, sehe ich Papa an einem der Fenster stehen und winken. Mama zeigt auf ihn, sagt »Siehst du, da«, gibt mir einen Kuss auf die Wange und drückt einmal meine Hand. »Um sechs hole ich dich hier wieder ab, okay? Wenn es später wird, frag den Papa bitte nach seinem Handy und ruf mich an.«

Ich nicke. »Okay.« Dann folge ich dem langsamer werdenden Zug, um im richtigen Abteil einzusteigen. Als die Tür sich öffnet, steht Papa dahinter. Er lächelt schwach. Es ist komisch, ihn nicht in seiner Arbeitsuniform zu sehen. Stattdessen trägt er eine Jogginghose und ein T-Shirt. Sein Schnurrbart ist weg, trotzdem hat er Stoppeln im Gesicht. Unter seinen Augen zeichnen sich dunkle Ränder ab. Er sieht müde aus. Ich weiß nicht, wie ich ihn begrüßen soll.

»Hallo«, sage ich und bleibe stehen. Die Tür schließt sich hinter uns und der Zug fährt los.

»Hallo, Norman«, sagt Papa. Er lacht unsicher. »Ich habe uns einen Platz freigehalten.«

Ich nicke und folge Papa ins Abteil. Er setzt sich in einen Vierer und rückt ans Fenster.

Ich setze mich ihm gegenüber. Ich weiß nicht, was ich sagen soll, und es fällt mir schwer, ihn anzusehen. Ich lehne meinen Kopf ans Fensterglas. Draußen rasen Wiesen an uns vorbei, ein blühendes Rapsfeld, Schrebergärten, ab und an ist ein Dorf dazwischen.

»Wie geht's dir?«, fragt Papa nach einer Weile.

Ich will sagen: Ich fühle mich einsam. In der Schule werde ich immer noch geärgert und ich habe keine Freunde. Mama ist nie zu Hause, Steven redet kaum mit mir, und wenn Opa nicht da wäre, wüsste ich gar nicht, was ich den ganzen Tag machen soll. Oft esse ich, einfach weil mir langweilig ist. »Gut«, sage ich stattdessen. »Und dir?«

»Ja, auch«, sagt er.

Und dann schauen wir wieder nach draußen. Es fühlt sich seltsam an, mit Papa hier zu sitzen. Früher beim Angeln haben wir stundenlang nebeneinandergesessen, geschwiegen und es war überhaupt nicht komisch. So oft habe ich ihm dabei zugesehen, wie er Musik gemischt und aufgenommen hat. Niemand hat ein Wort gesagt – und das war okay. Vielleicht, weil es nichts zu sagen gab. Doch jetzt gerade, nachdem ich Papa so lange nicht gesehen habe, liegen so viele ungesagte Dinge in der Luft. Schweben zwischen uns. Es fällt mir schwer, sie auszusprechen. »Ich vermisse dich«, flüstere ich gegen die Scheibe. Er hört mich nicht.

Wir fahren stumm bis nach Aschaffenburg. Vom Bahnhof laufen wir zur City Galerie. Er fragt mich, wie die Schule läuft, und ich sage

»gut«, weil ich nicht »alle ärgern mich« sagen will. Von sich erzählt er nichts. Nur, dass er immer noch keine Arbeit gefunden hat.

Bei MediaMarkt will Papa mir nachträglich zum Geburtstag etwas kaufen. Ich entdecke »The Legend of Zelda: The Minish Cap« unter den Gameboy-Spielen. Das wünsche ich mir schon lange. Es kostet vierzig Euro. Ich frage Papa zweimal, ob das wirklich okay ist. Er nickt und sagt immer wieder: »Es ist dein Geburtstagsgeschenk und du darfst dir was aussuchen.« Trotzdem fühle ich mich schuldig, weil ich weiß, dass er kaum Geld hat. Er besteht darauf, es mir zu kaufen.

Dann fahren wir nach Hause. Ich halte die Tüte mit dem Gameboy-Spiel mit beiden Händen fest auf meinem Schoß. Als der Zug langsamer wird, sehe ich aus dem Fenster. Mama steht schon am Bahnsteig. »Papa?«, frage ich. Und dann nehme ich all meinen Mut zusammen. »Sehen wir uns bald wieder?«

Er nickt. »Natürlich.«

Ich lächle. »Versprochen?«

»Versprochen«, flüstert er.

Papa winkt noch, als die Tür sich schließt und der Zug weiterfährt. Ich winke zurück. Mama fragt nicht, wie unser Treffen war. Zu Hause zeige ich Steven das Spiel, das Papa mir gekauft hat. »Zum Geburtstag«, sage ich dazu. Er zuckt mit den Schultern.

Am Abend spiele ich Gameboy im Bett. Das Spiel ist okay. Nicht das beste, das ich habe. Aber Papa hat es mir geschenkt, zum Geburtstag, obwohl er selbst kaum Geld hat. Ich muss lächeln. Dann speichere ich das Spiel, schalte den Gameboy aus und lege ihn auf mein Nachtschränkchen.

Ich mache das Licht aus und ziehe mir die Decke über den Kopf. Ich sehe Papa schon ganz bald wieder, denke ich. Er hat es versprochen.

Doch ich werde ihn über zwölf Jahre lang nicht mehr sehen.

29. Juli 2005

Über ein Jahr ist es her, dass Papa seinen Job verloren hat. Seit wir uns im Mai getroffen haben, hat er sich nicht mehr gemeldet. Ich verstehe nicht, warum. Er hat es doch versprochen. Irgendwann hielt ich es nicht mehr aus, nahm all meinen Mut zusammen und fragte Mama.

Sie sagte: »Ich weiß auch nicht, wo dein Papa ist, mein Schatz.« Dann erklärte sie mir, dass sie oft versucht hat, ihn anzurufen. Um den Unterhalt ging es dabei. Aber nie hat er abgenommen. Irgendwann hat Mama eine Anwältin beauftragt. »Weißt du, mir hat einfach die Kraft gefehlt«, sagte sie. Weil er nicht auf die Briefe der Staatsanwaltschaft reagiert hat, haben die ihm einen Besuch an seiner zuletzt bekannten Wohnadresse abgestattet. Dort haben sie aber nur noch den Vermieter angetroffen, der furchtbar wütend war. Seit Monaten hätte Papa seine Miete nicht bezahlt, dann sei er einfach verschwunden. Und die Wohnung, die habe er hinterlassen wie einen Saustall. Wo er hin sei, das habe er auch nicht gewusst.

Heute ist Freitag, der letzte Schultag vor den Sommerferien. Im Bus nach Hause hat ein älterer Schüler mich »fette Sau« genannt und mir auf den Kopf gespuckt. Ich habe nur dagesessen und gehofft, dass er aufhört, wenn ich ihn nicht beachte. Aber dann haben alle gelacht, weil ich mir die Spucke nicht vom Kopf gewischt habe.

Als ich aus der Dusche komme, fühle ich die Spucke immer noch auf der Kopfhaut. Ich dusche ein zweites Mal, versuche wieder und wieder, sie abzuwaschen, doch es hilft nicht. Das Gefühl bleibt.

Ich stehe nackt vorm Badezimmerspiegel und betrachte meinen Körper: Es stimmt. Seitdem ich keine Freunde mehr habe und zu Hause so viel gestritten wurde, habe ich viel zugenommen. Ich bin 1,54 Meter groß. Ich stelle mich auf die Waage, ganz vorsichtig, als würde der Zeiger geringfügiger ausschlagen, wenn er mich nicht bemerkt. Und achtundsiebzig Kilogramm schwer. Ich habe drei dicke Speckrollen am Bauch, meine Brust hängt. Mein Kinn geht rund in meinen Hals über. Ich betrachte meine Oberschenkel: An den Innenseiten sind Dehnungsstreifen. So hat der Kinderarzt das beim letzten Besuch genannt. Die heißen so, weil Schwangere die bekommen, wenn der Bauch sich für das Baby dehnt. Meine Oberschenkel haben sich gedehnt, weil da so viel Angst war und Nicht-mehr-Aushalten. Irgendwo musste es hin.

Noch einmal sehe ich in den Spiegel. Diesmal in mein Gesicht. Ich frage mich, wann ich zum letzten Mal aus vollem Herzen gelacht habe. So richtig laut und herzlich, ohne aufhören zu können. Ich weiß es nicht. Ich fasse mir an den Kopf, an die Stelle, auf die der Junge im Bus gespuckt hat. Eigentlich bin ich gar nicht so gern am Leben.

11

Tot

10. Mai 2009

Am Morgen meines sechzehnten Geburtstags wache ich in der Küche auf. Ich habe auf drei zusammengerückten Stühlen geschlafen. Es war einfach kein Platz. Vier Leute schlafen in meinem Bett, zwei auf dem Sofa, fünf draußen in der Hütte in Schlafsäcken. Ich strecke meinen Nacken einmal durch, es knackt. Als ich nach draußen gehe, steht Laura vor der Hütte und stapelt Becher ineinander.

»Guten Morgen«, sage ich.

Sie antwortet: »Florian hat gekotzt, in den Busch dort drüben.« Dann schüttelt sie den Kopf. »Er hat um zwei noch die ganze Flasche Jägermeister getrunken.«

Ich sehe rüber zum Busch und nicke. »Wasser?«, frage ich.

»Das wäre gut«, sagt Laura.

Ich gehe zurück über den Hof, barfuß, die kalten Keramikstufen der Treppe hinauf ins Haus. Als ich in die Küche komme, steht Mama an der Spüle und füllt Kaffeepulver in eine Filtertüte. »Guten Morgen«, sage ich.

Sie grinst mich an. »Wie hast du auf den Stühlen geschlafen?«

Noch einmal knacke ich mit dem Nacken. »Reden wir nicht drüber.« Ich deute auf den Kaffee. »Ist der für uns? Ich glaube, ich brauche erst mal zwei Liter Wasser.«

Mama nickt. »Im Keller steht Sprudelwasser. Ich kann euch auch Leitungswasser in eine Karaffe füllen.«

»Schon gut«, sage ich und will gerade in den Keller gehen, als mein Handy in der Hosentasche vibriert. Ich sehe auf den Bildschirm: unbekannte Nummer. Durch den Flur husche ich in Opas Schlafzimmer – der wahrscheinlich einzige Raum, in dem sich gerade niemand aufhält.

Dort hebe ich ab: »Norman Wolf, hallo?«

»Norman«, sagt eine Stimme, die ich sofort erkenne. Es ist Papa. Seit ich ihn mit zwölf Jahren zum letzten Mal gesehen habe, hat er nur noch zu meinen Geburtstagen angerufen. Zu meinem dreizehnten Geburtstag erklärte er mir, dass er jetzt in einer anderen Stadt lebe. Wo, das dürfte er mir nicht sagen. Er wollte mich aber bald wieder anrufen und dann könnten wir uns treffen. Zu meinem vierzehnten Geburtstag rief er das nächste Mal an. Er wohne inzwischen weit weg, deshalb könnte er mich nicht sehen. Das Gespräch war kurz. Der Anruf zu meinem fünfzehnten blieb aus.

Ich will ihn fragen, wieso. Wieso er letztes Jahr nicht angerufen hat. Wieso er sich nie mit mir getroffen hat, obwohl er es immer wieder versprochen hat. »Papa«, sage ich stattdessen.

»Alles Gute zum Geburtstag«, sagt er. Und da merke ich, dass er betrunken ist.

»Papa?« Meine Stimme zittert plötzlich. »Bist du okay?«

Er atmet hörbar ins Telefon. Und sagt nichts.

Ich sehe mich im großen Spiegel des Kleiderschranks an. Opas Schaukelstuhl spiegelt sich darin, seine Kommode, auf der zwei elfenbeinfarbene Elefantenfiguren stehen und die Lampe mit dem Micky-Maus-Bezug. Es gibt ein Video, da bin ich vielleicht zwei Jahre alt, sitze vor diesem Spiegel, betrachte neugierig mein Spiegelbild und küsse mich schließlich selbst. Ein Klassiker auf Familienfeiern, wenn die erste Flasche Sekt geöffnet wurde. »Papa«, sage ich noch mal. »Wo bist du?«

»Lass uns nicht über mich reden.«

Im Spiegel sehe ich mich schlucken. Ich wünsche mir, wieder zwei zu sein, nichts zu können, nichts zu wissen, nichts zu verstehen. »Bitte, Papa.«

»Und, hast du schön gefeiert?«, lallt er.

»Ja«, sage ich. »Alle meine Freunde waren hier.« Mir bedeutet das viel. Das letzte Mal, dass ich eine Geburtstagsfeier hatte, war mit neun. Als ich Papa zum letzten Mal gesehen habe, hatte ich keine Freunde, die ich hätte einladen können. Diesmal hatte ich zwanzig Leute eingeladen. Und das Beste: Fast alle waren gekommen.

»Wie alt bist du geworden?« Er überlegt. »Fünfzehn?«

Nein, will ich sagen. Fünfzehn bin ich letztes Jahr geworden, als du mich vergessen hast. Ich sage nichts.

»Oder sechzehn?«

»Ja, sechzehn.« Wieder sehe ich mich im Spiegel an. Papa würde mich überhaupt nicht erkennen, würden wir uns treffen. Seit damals habe ich zehn Kilogramm verloren und bin um dreißig Zentimeter gewachsen.

»Sechzehn Jahre schon«, sagt er. »Und? Willst du immer noch Architekt werden?«

Ich muss an unseren Angelausflug denken. Daran, wie Papa gesagt hat, dass ich es mal besser haben soll als er. »Ja«, lüge ich. In Wirklichkeit will ich Psychologie studieren. Dann Therapeut werden und Menschen helfen, die sich einsam oder traurig fühlen. Aber ich möchte Papa nicht enttäuschen. Gerade kommt es mir vor, als sei sein Wunsch, dass ich Architekt werde, das Einzige, das uns noch verbindet.

»Schön«, sagt er. »Das ist schön.«

Kurz sagt niemand etwas. Ich überlege, was ich ihm sagen möchte. Ich will wissen, warum er weggegangen ist. Warum er keinem gesagt hat, wohin er geht, nicht mal Mama. Ich will wissen, wie es ihm geht, wo er sich aufhält und warum er nicht einfach zurückkommen kann. Ich will ihm erzählen, wie oft ich an ihn denke und wie oft ich dann weine, weil ich einfach nicht weiß, was los ist, und er mir so fehlt. Doch ich bekomme nichts davon raus. Nur: »Ich hab dich lieb.«

»Ich hab dich auch lieb, mein Schatz.« Schweres Atmen. Es raschelt in der Leitung. »Vergiss den Papa nicht, ja?« Dann legt er auf.

Ich nehme das Handy vom Ohr, trete einen Schritt näher an den Spiegel und lehne meine Stirn an das kühle Glas. Nicht weinen, denke ich, nicht weinen.

Dann gehe ich zurück in die Küche. Die Kaffeemaschine läuft inzwischen. Mama steht daneben und blättert durch Prospekte. Sie sieht mich an: »Na, sind alle mit Wasser versorgt?«

»Ich …«, stammle ich. Ich überlege, ob ich ihr erzählen soll, dass Papa angerufen hat. Dass er betrunken war und es ihm sehr schlecht geht. Dass er mir nicht sagen wollte, wo er sich aufhält, und ich keine Ahnung habe, was ich tun soll. Doch wir sprechen kaum über ihn. Nicht mehr, seit er weg ist, beziehungsweise wirklich nur dann, wenn es sein muss. Vielleicht, denke ich, hat Mama schon damit abgeschlossen.

»Frohen Muttertag«, sage ich nur und umarme sie.

Sie drückt mich fest zurück. »Alles Gute zum Geburtstag, mein Schatz.«

An meinem siebzehnten Geburtstag ruft Papa nicht mehr an. Es wundert mich nicht. Natürlich habe ich gehofft, dass er sich meldet. Ich habe mein Handy den ganzen Tag nicht aus den Augen gelassen. Zum ersten Mal denke ich: Vielleicht hat er nicht mehr angerufen, weil er tot ist. Auch an meinem achtzehnten und neunzehnten Geburtstag bleiben seine Anrufe aus. Ich erzähle niemandem davon.

Je älter ich werde, desto mehr macht sich Papas Abwesenheit bemerkbar: Ich kann als Minderjähriger ohne seine Unterschrift kein Bankkonto eröffnen. Mit sechzehn möchte ich zur Fahrschule: keine Chance. Mama lässt sich von Papa scheiden – ohne ihn. Nach einer erfolglosen polizeilichen Fahndung erklärt das Gericht seinen Aufenthaltsort als »allgemein unbekannt«. Danach wird alles einfacher. Ich habe meinen ersten Kuss (mit einem Mädchen), verliebe mich zum ersten Mal (in einen Jungen). Ich mache mein Abitur, ziehe von zu Hause aus, fange an zu studieren. Was Papa wohl dazu sagen würde, dass ich nicht Architektur studiere, sondern Psychologie, denke ich oft.

Als ich achtzehn bin, stirbt meine Oma – Papas Mutter. Steven und ich gehen auf die Beerdigung. Vorher fahren wir an ihrem Haus vorbei. Es sieht verlassen und unbewohnt aus, genau wie schon zu Omas Lebzeiten. Ich überlege, wann ich sie zum letzten Mal gesehen habe: vor acht, vielleicht neun Jahren. Auf dem Friedhof treffen wir ein Dutzend Onkel und Tanten, Cousins und Cousinen, die uns eifrig umarmen. Bei den wenigsten erinnere ich mich an den Namen. Alle wissen, dass Papa verschwunden ist, doch niemand spricht darüber. Ich sehe zu, wie der Sarg in die Erde gelassen wird, und fühle nichts. Ich denke: Ich kannte diese Frau überhaupt nicht. Wir gehen und es fühlt sich an, als wären wir nie dagewesen.

Wenn ich an Papa denke, benutze ich die Vergangenheitsform, fällt mir auf. Immer mehr wird die Zeit, in der Papa noch da war, zu »damals«. Je mehr Zeit verstreicht, desto mehr gewöhne ich mich an den Gedanken, ihn vielleicht nie wieder zu sehen.

Mit neunzehn Jahren spreche ich diesen Gedanken zum ersten Mal aus. Ich sitze mit Lisa im Wohnzimmer. Sie ist frisch in die WG eingezogen, studiert auch Psychologie. Wir schauen »König der Löwen« auf einem alten Röhrenfernseher, den meine Vermieter mir überlassen haben, und trinken Wein vom Discounter.

»Meine Mama kann ein bisschen anstrengend sein«, sagt sie, als wir über Familie reden. »Und mein Papa repariert als Hobby kaputte Kaffeemaschinen.«

»Kaffeemaschinen?«, hake ich nach. »Das ist so überaus spezifisch.«

»Das ist vor allem nützlich.« Sie schaut mich vielsagend an. »Er hat nämlich einen Vollautomaten über, den ich nächste Woche mitbringe.«

Ich hebe mein Glas. »Ich denke, das ist der Beginn einer wunderbaren Freundschaft.« Wir stoßen an.

»Du hast viel von deiner Mama und deinem Opa erzählt«, sagt sie, als wir getrunken haben. Sie wischt sich müde über die Augen. »Was ist mit deinem Papa?«

Ich atme tief ein. »Na ja!«

»Mehr Wein«, sagt Lisa kurzerhand und füllt unsere Gläser auf. Dann sieht sie auf das Etikett der Flasche. »13,5 Umdrehungen, deshalb knallt der so.«

Ich muss lachen. Lisa ist so ehrlich und direkt. Papa hätte sie gemocht. Ich nehme noch einen Schluck. »Ich glaube, er ist tot«, sage ich dann.

Und in diesem Moment stirbt Papa, in meinem Kopf ist er jetzt tot.

12

Kinder von der Eger

23. August 2012

Am dreiundzwanzigsten August rufe ich den Notarzt. Ich war eine Woche zuvor von Marburg nach Hause gekommen, um mich dort auf meine Prüfungen Ende September vorzubereiten. Ich lerne den ganzen Tag, gehe abends früh ins Bett und stehe morgens früh auf. Meist frühstücke ich zusammen mit Opa.

Als er nicht zu seiner üblichen Zeit beim Frühstück ist, klopfe ich an seine Zimmertür. »Opa?« Keine Antwort. Ich öffne die Tür einen Spaltbreit und sehe hinein. Opa liegt noch im Bett, die Augen geöffnet.

»Opa, alles okay?«, frage ich besorgt. Seine innere Uhr weckt ihn normalerweise jeden Morgen zur exakt gleichen Zeit. Jetzt ist es schon fast eine Stunde später.

Er nickt nur.

»Kommst du frühstücken?«

Wieder nickt er. Dann steht er auf. Er tut alles, wie er es immer tut. Er zieht sich eine Hose an, ein Hemd, das er in die Hose steckt, und darüber Hosenträger. Dann geht er ins Bad, um sich sein Gebiss einzusetzen. In der Küche gießt er die große Kaffeetasse bis oben hin voll und lässt nur einen Fingerbreit frei, den er mit Kondensmilch auffüllt. Dann nimmt er sich eine Scheibe Schwarzbrot, schmiert Butter darauf und Hagebuttenmarmelade. Er trägt sein Brot auf einem Brettchen und in der anderen Hand zittrig den randvollen Kaffee zum Tisch und setzt sich an seinen angestammten Platz am Tischende. Er nimmt sich die Regionalzeitung und schlägt sie auf der ersten Seite auf.

Während er all das tut, betrachte ich sein Gesicht. Irgendetwas ist komisch. Es ist Opas Gesicht und es hat die gleiche Freundlichkeit, das gleiche Gefühl von Vertrautheit wie die letzten neunzehn Jahre meines Lebens. Doch irgendwas ist anders. Er setzt an, einen Schluck seines Kaffees zu trinken, zieht vorsichtig am Tassenrand ein und dann rinnt ihm alles aus dem rechten Mundwinkel wieder hinaus. »Halbseitige Lähmung durch Schlaganfall«, wird die Diagnose später lauten.

03. September 2012

Nach einigen Untersuchungen stellt das Krankenhaus weitere Diagnosen: Opa hat Wassereinlagerungen im ganzen Körper. Insbesondere seine Beine sind betroffen, doch auch um seine Organe herum hat sich Wasser angesammelt. Er stürzt im Krankenhaus, verletzt sich am Bein und ist forthin auf einen Rollstuhl angewiesen. Aus der vorgesehenen Woche Krankenhausaufenthalt wird ein nicht abschätzbarer Zeitraum. Ich verbringe jede freie Minute im Krankenhaus. Ich bringe alle Unterlagen mit, die ich für die Prüfungen beherrschen muss. Der Besuchertisch wird zu meinem Arbeitsbereich. Hauptsache, Opa ist nicht allein.

Für den behandelnden Arzt werde ich zum Ansprechpartner. Wie geht es ihm? Wie ist seine Stimmung? Macht er Fortschritte? Kurz nach seiner Einlieferung ins Krankenhaus gebe ich dem Arzt eine vollständige Aufstellung von Opas Medikamenten: »Zur Blutdrucksenkung nimmt er morgens, mittags und abends Amlodipin, Lisinopril und Metoprolol, gegen die Wassereinlagerungen in den Beinen mittags zwei Torasemid. Die nimmt er aber ungern, weil er davon starken Harndrang bekommt. Sein Cholesterin ist das geringste Problem: Da reicht am Abend eine halbe Tablette Simvastatin. Und Vorsicht: Er ist Bluter. Marcumar, drei Milligramm jeden Morgen.« Seit ich siebzehn bin, richte ich Opas Tabletten. Als es mehr und mehr wurden, hat er irgendwann den Überblick verloren und sie immer häufiger vergessen. Als ich nach Marburg zog, hörte ich nicht damit auf. Ich fahre jedes Wochenende nach Hause, um die Tabletten für die kommende Woche vorzubereiten, in Papiertütchen abzupacken und feinsäuberlich zu beschriften. Auch um den Nachschub kümmere ich mich. Opa nennt mich liebevoll seinen »Apotheker«. Ich mache es gern. Er hat so viel für mich getan und ich bin froh, etwas zurückgeben zu können.

Auch Mama ist jede freie Minute hier. Steven immer dann, wenn er nicht arbeiten muss. Manchmal schauen meine beiden Tanten vorbei, Opas andere Töchter. Dann sind meist auch mein Cousin Patrick und meine Cousine Jenny dabei. Letztere ist gerade Mutter geworden und bringt das Baby ab und zu mit. Die Schwestern und Pfleger scherzen schon: »Sie haben ja immer volles Haus.«

An einem Nachmittag, an dem wir alleine sind, setze ich Opa in den Rollstuhl und schiebe ihn durch den Krankenhausflur in den Aufzug und durch die Eingangshalle nach draußen in ein kleines angrenzendes Waldstück.

»Der Sommer verabschiedet sich«, sagt Opa und er hat recht. Die Sonne scheint, aber ein kühler Wind geht. Ich biete ihm die Decke an, die ich eingepackt habe, doch er winkt ab. »Soll es die Tage regnen, weißt du das? Sonst müsst ihr die Blumen gießen, die Radieschen und den Spinat.« Er überlegt. »Und die Kartoffeln müssen noch raus.«

»Keine Sorge, Opa«, lache ich und schiebe ihn weiter an Birken und Kastanien vorbei. Der Geruch von Moos steigt mir in die Nase. Ich nehme einen tiefen Zug. »Steven kümmert sich darum. Er gießt jeden zweiten Tag und die Kartoffeln zieht er nächste Woche.«

Opa hebt den Zeigefinger. »Das darf er nicht vergessen, davon haben wir nämlich zwei Beete und die Anna fragt schon ständig danach.«

Ich halte den Rollstuhl an und gehe vor Opa in die Hocke. »Er vergisst das nicht, versprochen.« Mit den Daumen streichle ich über seine Knie. »Opa, wir wissen doch alle, wie wichtig dir dein Garten ist.«

Plötzlich ballt er die Hände zu Fäusten, kneift die Augen zusammen und presst die Lippen aufeinander. Kurz weiß ich nicht, was passiert. Dann begreife ich, dass er weint.

»Opa«, sage ich.

Doch er antwortet nicht.

Ich sehe ihn an, wie er vor mir im Rollstuhl sitzt. Ein Mann, der sein Leben lang körperlich gearbeitet, in der Sonne geschuftet, sich die Hände schmutzig gemacht hat. Der die Natur liebt, die Blumen und das Gefühl von Freiheit, wenn einem der Wind um die Nase weht.

Und dann erinnere ich mich daran, was er mir vor langer Zeit gesagt hat: »Wenn ich das irgendwann nicht mehr kann, das wäre für mich kein Leben mehr.«

Ich drehe den Rollstuhl um. »Lass uns wieder reingehen.«

27. September 2012

In den Wochen danach bleibt Opas Zustand schlecht. Je länger er im Krankenhaus ist, desto schlechter wird auch seine psychische Verfassung. Zuerst dachte er, dass die groben Stücke der Raufasertapete sich bewegen. »Wie wenn der Fernseher kein Signal hat«, sagte er. Er fing an, meinen Cousin mit dessen Vater zu verwechseln, meine Cousine mit deren Mutter. Bald darauf erklärte er mir, die Ärzte halten ihn gegen seinen Willen im Krankenhaus fest. Er fing an, uns kleine Zettel zuzustecken: »Holt mich hier raus«. Einmal, als der Arzt zur Visite kam, nahm Opa meine Hand und schrieb mit dem Finger auf die Innenfläche: »H-I-L-F-E«. In der nächsten Nacht versuchte er wegzulaufen. Weil der Arzt vermutet, er könne sich etwas antun, muss er fortan nachts mit Gurten an den Handgelenken fixiert werden.

Ich fahre zwischen Marburg und zu Hause hin und her. Um Prüfungen zu schreiben, bei Opa zu sein, mehr Prüfungen zu schreiben und wieder bei Opa zu sein. An einem Donnerstag im September komme ich aus Marburg zurück und fahre ins Krankenhaus. Als ich das Zimmer betrete, ist es draußen schon dunkel. Opa liegt allein in seinem Bett, die Augen offen.

»Hi«, sage ich und setze mich zu ihm aufs Bett. »Na, wie geht's dir?«

»Normi«, sagt Opa und lächelt.

Ich lächle zurück. »Opi.« Opa ist der Einzige in der Familie, der mich noch »Normi« nennt. Für ihn werde ich immer der Kleine bleiben, das Nesthäkchen. »Willst du mal was trinken?«, frage ich.

Opa nickt und ich helfe ihm, sich aufzurichten. Dann halte ich ihm eine Flasche Sprudelwasser hin, die Mama mitgebracht hat. Ich halte sie fest, als er sie anhebt. Ein bisschen verschluckt er sich daran. Er hustet kurz, dann gibt er mir die Flasche zurück.

»Die Mama war vorhin schon da«, sagt er, nachdem er noch einmal gehustet hat. »Dein Bruder auch und dein Cousin. Der hat eine neue Arbeit, wusstest du das?«

Kurz stocke ich, als Opa so frei von der Leber erzählt. »Weißt du, warum du hier bist, Opa?«

Er sieht mich fragend an. »Natürlich. Ich hatte einen Schlaganfall und dann bin ich gestürzt.«

»Und die Ärzte?«

»Die machen auch nur ihren Job.«

Unwillkürlich muss ich lachen. Er scheint viel präsenter als sonst, viel klarer im Kopf. Keine Verwechslungen, keine paranoiden Hilferufe. Ich umarme ihn, lege meinen Kopf auf seine Brust und kurz fühlt es sich an wie früher. »Opa? Erzählst du mir noch mal die Geschichte, wie du Kissen und Bettlaken an ein Gefängnis geliefert hast?« Ich atme seinen Geruch ein, er riecht nach Zuhause. »Weißt du, das ist meine Lieblingsgeschichte und ich höre sie so gern.«

»Das ist eine gute Wahl«, antwortet Opa, lächelt und fängt an zu erzählen.

Und während er erzählt, höre ich gebannt zu. Als ich die Augen schließe, verschwindet das Krankenhaus um uns herum. Es verwandelt sich in unseren Garten, das Bett unter uns in wacklige Hocker, die kahlen Wände in farbenfrohe Beete. Mama und Papa streiten sich auf dem Balkon, aber es ist mir egal, weil Opa die spannendste Geschichte erzählt, die ich jemals gehört habe.

Natürlich kenne ich die Geschichte schon in- und auswendig. Trotzdem rufe ich überrascht »Was?!«, als Opa erzählt, dass er eine Silhouette im Seitenspiegel des Lkws entdeckt. Nachdem er fertig erzählt hat, stelle ich dieselbe Frage, die ich immer stelle: »Haben die ihn wieder eingefangen?«

Opa antwortet, was er immer darauf antwortet: »Ich weiß es bis heute nicht. Das Gefängnis hat sich nie wieder bei mir gemeldet.« Dann lacht er kurz und sagt: »Ja, ich hatte schon ein aufregendes Leben.«

Und ich denke: Wenn ich mal so alt bin wie Opa, dann will ich das Gleiche sagen können.

Zwei Tage später reißt Opa sich die Zugänge und den Katheter heraus und erleidet eine Blutvergiftung. Er kommt auf die Intensivstation. Mama und ich führen ein Gespräch mit dem Oberarzt: Die Medikamente sind fast ausgereizt, die Möglichkeiten erschöpft. Dann schlagen sie doch noch an. Opa kämpft und erholt sich. Nach wenigen Tagen wird er wieder auf die normale Station verlegt. Eine Woche darauf wird er aus dem Krankenhaus entlassen.

Weil Opa noch immer nicht selbst laufen kann, Mama Vollzeit arbeitet und ich für das Wintersemester zurück nach Marburg muss, suchen wir nach einem Pflegeheim für ihn. Nicht mehr im Krankenhaus zu leben, wirkt sich positiv auf seinen geistigen Zustand aus. Doch je klarer er wird, desto unglücklicher wird er auch. Wann immer ich ihn besuche, fragt er, wann er wieder nach Hause dürfe und in seinen Garten. Das sei sein einziger Wunsch.

19. Oktober 2012

Mitte Oktober fuhr ich zurück nach Marburg, weil das neue Semester begann. Fünf Tage später, an einem Freitagabend, ruft Steven an: Opa hat eine zweite Blutvergiftung erlitten. Er liegt auf der Intensivstation und wurde ins künstliche Koma versetzt. Die Ärzte sagen, er wird die Nacht nicht überleben. Ich lasse alles stehen und liegen.

Als ich zu Hause ankomme, erklärt mein Bruder noch einmal, was vorgefallen ist. Opa sei im Pflegeheim zusammengebrochen. Mama und er seien daraufhin sofort ins Krankenhaus gefahren und den ganzen Tag dort geblieben. Mama schlafe inzwischen, er würde aber mitkommen, wenn ich nicht allein gehen möchte. Also fahren wir zusammen ins Krankenhaus. Vor der Intensivstation bitte ich Steven, einen Moment draußen zu warten, damit ich mit Opa allein sein kann.

Die Krankenschwester, die ich noch vom letzten Mal kenne, begrüßt mich am Eingang und führt mich durch die Station zu seinem Zimmer. Opa liegt in einem Krankenhaushemd auf seinem Bett, zugedeckt. Um ihn herum stehen Geräte, in seinem Mund steckt ein Schlauch.

»Opa«, keuche ich. Ich setze mich neben ihn auf einen Stuhl, greife unter die Decke und ziehe seine Hand heraus, damit ich sie halten kann. Sie ist groß und von blauen Adern durchzogen, an den Fingerkuppen rau. Sein Mittel- und Ringfinger sind gekrümmt, seit er sich als Kind versehentlich durch die Hand geschossen hat. Ich drücke seine Hand so fest, dass er es selbst im Koma spüren muss. Ich führe seine Finger über die Stelle an meinem Kopf, die er gestreichelt hat, als draußen die Sirenen gewütet haben. »Danke für alles, Opi«, flüstere ich. Und dann kommen die Tränen.

Ich denke an unseren Ausflug zum Spielplatz. Als er unten an der Feuerwehrstange stand und »Ich bin da« rief. Ich denke an die vielen

Male, die ich auf der Couch turnte und Purzelbäume um seinen Arm machte. Ich denke daran, wie oft ich in sein Hemd geweint habe, wenn Mama und Papa sich gestritten haben. Ich denke an all die Geschichten, die er mir erzählt hat. Ich denke an Karlsbader Oblaten, Ernst Mosch und die Egerländer Musikanten.

Ich räuspere mich und fange leise an zu singen: »Wir sind Kinder von der Eger …«, vielleicht, denke ich, ganz vielleicht kann Opa mich gerade hören, »aus dem wunderschönen Egerland …« Und vielleicht hat er ein bisschen weniger Angst, wenn ich etwas für ihn singe, das er gern hat. »… das man niemals mehr vergisst …« Das ihn an Heimat erinnert. »… wenn man ein Kind der Eger ist.«

Ich lege meinen Kopf auf seine Brust, trockne meine Tränen an dem weißen Hemd. Sein Brustkorb hebt und senkt sich, doch ich weiß, dass das nur an den Geräten liegt. »Ich habe so viel von dir gelernt, Opa. Du warst mein Papa, als mein Papa nicht da war. Und ich wünschte, ich hätte dir das früher gesagt.« Noch einmal will ich seinen Geruch einatmen, doch alles riecht steril und nach Tod.

»Du hast so lange gekämpft«, sage ich. »Ich verstehe, dass du müde bist.« Ich weine unkontrolliert, laut, wie ein Kind. »Du hast bestimmt Angst. Aber weißt du was? Du musst das nicht allein machen. Ich bin da. So wie du immer für mich da warst. Und ich halte deine Hand, bis es vorbei ist. Das verspreche ich dir.«

Ich bitte die Krankenschwester, meinen Bruder aus dem Wartezimmer zu holen. Er nimmt gegenüber von mir Platz, hält Opas andere Hand. Wir reden über früher, erzählen uns Geschichten, lachen sogar. Ab und zu sieht die Krankenschwester nach uns und bietet uns Kaffee an. »Seit ihr hier seid«, sagt sie einmal, »haben sich seine Werte verbessert. Er merkt, dass ihr da seid.« Und dann weinen wir beide.

Opa verstirbt gegen sechs Uhr früh. Ich fühle mich, als hätte ich meinen Papa verloren – zum zweiten Mal.

3. TEIL

1

Das Bild eines Toten

27. November 2016

Die Ampel wird rot, Fabian bremst abrupt und irgendwas hinten im Umzugswagen fällt krachend um. »Das war laut«, stelle ich fest und es ist das erste Mal in zwanzig Minuten, dass einer von uns etwas sagt. Wir haben den ganzen Tag seine Wohnung in Marburg geräumt. Für unsere Beziehung war er letztes Jahr hergezogen. Doch nun, da klar ist, dass ich im März als Au-pair in die USA gehen werde, zieht er zurück nach Fulda. Ein Jahr werde ich dort sein, mindestens, und unterbewusst wissen wir beide, was das für die Beziehung bedeutet. Darüber geredet haben wir noch nicht.

»Das war laut«, stimmt Fabian mir zu.

Ich checke derweil mein Handy. Zwei Apps haben automatische Updates durchgeführt und Runtastic will, dass ich mal wieder laufen gehe. Zwölf Twitter-Benachrichtigungen, drei Snaps von Freunden, eine WhatsApp-Nachricht. »Hey«, schreibt eine unbekannte Nummer. »Hallo! Kennt man sich?«, schreibe ich zurück und gehe davon aus, dass mal wieder irgendjemand seine Nummer gewechselt hat.

»Ich tippe auf das weiße Regal«, sage ich und stelle mein Smartphone so ein, dass Runtastic mir keine Notifications mehr senden kann. »Was meinst du?«

»Die Kommode«, sagt Fabian sofort. »Ziemlich sicher.«

»Quatsch«, entgegne ich. »Wohin soll die denn fallen?«

Fabian hält mir seine rechte Hand hin, zieht sie weg, um zu schalten, und hält sie wieder hin. »Wir wetten und wer verliert, bezahlt die Pizza.«

»Deal.« Ich schlage ein. Als ich wieder auf mein Handy sehe, habe ich eine neue Nachricht von Unbekannt: »Nein, man kennt sich nicht. Aber ich habe ein paar Fragen an dich, wenn das okay ist.«

»Fabi«, sage ich und lache unsicher. »Da hat mich jemand auf WhatsApp angeschrieben, den ich angeblich nicht kenne, und er will mir Fragen stellen.«

Fabian lacht ebenfalls. »Was? Woher hat der deine Nummer?«

»Keine Ahnung«, antworte ich, während ich dieselbe Frage in das Chat-Fenster tippe. Noch bevor ich die Nachricht abschicken kann, schreibt der Unbekannte: »Hast du einen Bruder namens Steven? Und eine Mutter namens Anna? Und dein Nachname ist Wolf?«

Ich halte die Luft an. »Okay, das ist jetzt gruselig. Er kennt meinen Nachnamen und weiß, wie meine Mutter und mein Bruder heißen.« Sofort lösche ich meine letzte Nachricht und schreibe stattdessen: »Warum fragst du das?«

Die App zeigt mir an, dass er tippt. Ich lege meine Hand auf Fabians, die auf dem Schaltknüppel ruht, sehe raus ins Dunkel und versuche, mir keine Gedanken zu machen. Immer wieder schiele ich auf das Display. »Tipp schneller«, sage ich entnervt. »Warum tippst du denn so langsam?«

Erst nach einer gefühlten Ewigkeit erscheint seine Antwort im Chat-Verlauf: »Mein Name ist David und ich komme aus Hamburg. Bin gestern Abend nach Hause gegangen und ein Mann hat mich angesprochen. Er heißt Klaus, seine beiden Söhne heißen Steven und Norman, geboren 1990 und 1993, seine Ex-Frau heißt Anna. Und dann bin ich auf euch gestoßen.«

»So ein blödes Arschloch«, rufe ich wütend.

Fabian sieht mich an. »Was ist denn los?«

»Irgendjemand erlaubt sich hier einen geschmacklosen Scherz.«

Dann erscheint eine weitere Nachricht: »Er würde gern mit euch Kontakt aufnehmen.«

Ich tippe »Das ist nicht lustig, Arschloch« in das Textfenster und lösche die Nachricht wieder. Ich kneife die Augen zusammen, atme tief durch. Sachlich bleiben, denke ich. Dann tippe ich: »Er ist tot«.

Doch »David« ist schneller. Er schickt mir ein Foto, 2,8 MB. Ohne nachzudenken, drücke ich auf »Download« und verfluche mich sofort dafür, die mobilen Daten vor Monatsende aufgebraucht zu haben. Verwirrt starre ich die groben Pixel der Vorschau an und versuche, mir den Inhalt zusammenzureimen. Eine Person scheint darauf abgebildet zu sein. Der Hintergrund ist grau und ein bisschen rot. Nach etwa einer Minute formen die Pixel sich zu einem Bild.

Und plötzlich ergibt alles keinen Sinn mehr. Die Schalterhalle einer Bank ist auf dem Foto abgebildet. Auf der Heizung stehen eine Bierflasche und ein Kaffeebecher. Eine Person, die wohl David ist, zeigt mit dem Daumen auf einen graubärtigen, alten Mann in einer dicken Jacke, der auf der Heizung sitzt und unsicher in die Kamera sieht.

Ich starre auf das Foto von jemandem, von dem es kein Foto mehr geben dürfte. Und trotzdem gibt es nicht den geringsten Zweifel. Tausend Gedanken schießen mir durch den Kopf – und hinterlassen Leere. Ich will tausend Dinge fühlen, doch ich spüre nur mein Herz, wie es in meiner Brust hämmert. Meine Stimme zittert: »Er lebt.«

»Was? Wer lebt?«, fragt Fabian verwirrt.

Ich antworte nicht. Stattdessen tippe ich: »Wo hast du meine Nummer her?«

Er schreibt sofort zurück: »Von Facebook«.

Meine Masterarbeit, denke ich. Weil ich noch Probanden suche, habe ich einen Aushang öffentlich auf Facebook geteilt. Er enthält auch meine Handynummer.

»Ich kann deine Nummer löschen und alles vergessen«, schreibt David. »Ich wollte euch nur einen Gefallen tun.«

Noch einmal bleiben meine Augen an dem Foto hängen. Es ergibt keinen Sinn. Es ergibt einfach gar keinen Sinn. »Ich melde mich gleich wieder«, antworte ich und stecke das Handy hektisch in meine Hosentasche. Dann sehe ich Fabian an: »Du musst rechts ranfahren.«

Ohne zu zögern, lenkt er den Umzugswagen an den Straßenrand und bringt ihn zum Stehen. »Was ist denn los?«

»Sorry, ich muss nach Hause.« Ich öffne die Beifahrertür. »Ich muss mit Steven reden und mit Mama. Ich habe versprochen, dir zu helfen, ich weiß, aber ich muss wirklich nach Hause.« Ich bemerke, wie furchtbar schnell ich spreche. »Es tut mir leid, wirklich.«

»Norman«, sagt Fabian, und obwohl er neben mir sitzt, klingt er irgendwie so weit entfernt. »Alles gut, du kannst nach Hause. Ich fahre dich gleich zum nächsten Bahnhof. Aber sag mir, was los ist.«

Durch die offene Tür strömt kalte Luft in den Umzugswagen. Ich ziehe sie tief ein und zähle langsam bis drei. Dann sehe ich ihn an.

»Mein Vater lebt.«

Fabian setzt mich vor einem Lokalbahnhof ab. Er hat nicht viel gesagt, nur »tut mir leid«, was irgendwie seltsam ist. Es ist ja niemand gestorben, eher andersherum. Ich schätze, nicht die Situation tut ihm leid, sondern ich, weil ich gerade so durch den Wind bin. Zumindest fühle ich mich so. Ich hole mein Handy raus und halte die Hand darüber, damit es nicht auf das Display regnet. Es ist kalt und windig, aber bevor ich nach Zügen schauen kann, muss ich unbedingt Steven anrufen. Ich versuche es zweimal, ohne Erfolg, weil ich irgendwo im Nichts bin und keinen Empfang habe. Ich nehme drei Sprachnachrichten an Lisa auf: »Mein Vater lebt«, »Mein Kopf ist leer« und »Hast du Zeit?« Keine davon geht raus. Scheiße. Nachdem mir auch die App der Deutschen Bahn ihre Dienste verweigert, laufe ich so lange am Bahnsteig entlang, bis ich eine Informationstafel mit Abfahrtszeiten finde. Ich stelle mein Handy auf maximale Bildschirmhelligkeit und leuchte auf den Plan: Richtung Hanau, 18:04 Uhr, Gleis 2. Das sind fast vierzig Minuten. Und am falschen Gleis stehe ich auch. Noch mal Scheiße.

Zweihundert Meter die Straße runter habe ich einen Balken Empfang. Ich schreibe Steven, was passiert ist. Eine halbe Minute später klingelt mein Handy. Ich drücke seinen Anruf weg. »Kaum Empfang«, schreibe ich.

Steven antwortet: »Mir hat dieser Typ auch geschrieben und das Foto mitgeschickt. Keine Frage, das ist unser Vater.« Ein paar Sekunden vergehen, dann kommt Steven wieder online: »Ich weiß nicht, ob ich lachen oder weinen soll.«

»Ich auch nicht«, antworte ich und bin froh, dass es noch jemandem so geht. »Fühle irgendwie gar nichts. Weiß Mama schon davon?«

»Nein, oh Gott«, schreibt er und hängt ein Emoji mit Schreckgesicht an. »Bin noch auf der Arbeit. Wann kannst du da sein? Wir sagen ihr das zusammen.«

Ich erkläre ihm, dass ich in einem Dorf nahe Fulda feststecke, bis die nächste Bahn fährt. Dass ich meinem Freund während seines Umzugs quasi aus dem Auto gesprungen bin. Wir einigen uns auf »gegen acht«, dann laufe ich wieder in Richtung Bahnhof.

»Ich dachte, ich hätte damit abgeschlossen«, schreibt Steven noch, bevor der Empfang wieder abreißt.

»Das dachte ich auch«, sage ich laut.

Für drei, vier Stationen bin ich die einzige Person im ganzen Abteil. Mit der Zivilisation kommt auch mein Empfang zurück. Ich habe zwei Nachrichten von Lisa und einen verpassten Anruf. »Für dich immer«, schreibt sie auf meine Frage, ob sie Zeit hat. »Ruf mich zurück.«

Wir telefonieren, bis ich in Hanau umsteigen muss. Ich erzähle ihr, was vorgefallen ist, lese den Chat-Verlauf mit David vor, den mit Steven und sage am Ende: »Keine Ahnung, was ich machen soll.«

Und Lisa sagt: »Ich freue mich für dich. Er ist am Leben.« Sie hat recht.

Im Zug von Hanau nach Hause starre ich ununterbrochen auf das Foto. Er sieht schlecht aus. Als sei er um zwanzig Jahre gealtert, seit ich ihn vor elf Jahren zuletzt gesehen habe. Ich betrachte die Bierflasche. Er scheint zu trinken, wahrscheinlich hat er nie damit aufgehört. Ich bin mir fast sicher, trotzdem schreibe ich David noch einmal. »Lebt er auf der Straße?«

Er schreibt sofort zurück: »Ja, er lebt auf der Straße. Seit zehn Jahren, hat er gesagt.«

Als ich zur Tür reinkomme, sitzt Steven in der Küche, raucht und hört Musik. Er trägt noch seine Arbeitsuniform: blau mit gelber Krawatte.

»Du siehst müde aus«, begrüße ich ihn.

»Im Casino war die Hölle los.« Er legt die Zigarette im Aschenbecher ab, steht auf und umarmt mich. Es tut gut, ihn zu drücken. Seit Opa gestorben ist, fahre ich seltener nach Hause und sehe ihn kaum.

Ich streife die Schuhe ab und stelle sie in den Flur. Hier hat sich viel getan. Das Bad ist neu und die Einbauküche. Steven hat renoviert und ist in Opas altes Wohn- und Schlafzimmer gezogen. Was mal sein Zimmer war, ist jetzt Mamas Bügelzimmer. Mein Zimmer ist noch da, »nur sicherheitshalber, falls ich mal nichts habe«, wie Mama sagt.

Eine neue Kaffeemaschine haben wir auch, eine mit Kapseln. Ich öffne auf gut Glück ein paar Schubladen, kann die Kapseln aber nicht finden. »Darfst du im Haus rauchen?«

Steven kippt ein Fenster. »Macht Mama inzwischen auch. Und falls du die Kapseln suchst, die unterste Schublade links von der Spüle.«

»Ah«, mache ich und finde, was ich gesucht habe. »Einmal hat sie Papa zurechtgewiesen, als er im Haus geraucht hat, das weiß ich noch.« Ich stecke eine Kapsel in die Maschine und drücke auf den Knopf mit der großen Tasse. »Willst du auch? Könnte eine lange Nacht werden.«

Er nickt. »Damals waren auch noch Kinder im Haus.«

Mit zwei Tassen komme ich an den Tisch zurück. Während ich mir einen Schuss Milch eingieße, legt Steven sein Handy auf den Tisch. Das Foto unseres Vaters ziert das Display in Vollbild. »Ich krieg's einfach nicht in den Kopf. Das kann er nicht sein, aber er ist es.«

Ich denke an den Tag zurück, als Papa und ich alte Fotoalben durchblätterten und auf ein Bild der Bodybuilding-Meisterschaften stießen. »Das kannst nicht du sein«, hatte ich immer wieder gesagt, obwohl ich ihn zwischen all den Muskeln natürlich erkannte. Auch jetzt starre ich ungläubig auf sein Foto. Von den Muskeln ist nichts übrig und auch nicht von dem selbstbewussten Lächeln. Trotzdem erkenne ich ihn zweifelsfrei.

»Er sollte tot sein«, sagt Steven. »Wir gucken hier das Bild eines Toten an.«

Zuerst rufen wir bei der Polizei in Hamburg an, erklären unsere Situation. Sie kennen Papa, wissen allerdings nicht, wo er sich derzeit aufhält. Auch eine Vermisstenanzeige sei keine Option, mein Vater lebe freiwillig auf der Straße und dürfe seinen Aufenthaltsort frei bestimmen. Dann informieren wir Papas Geschwister. Mit drei unserer Tanten, Ulrike, Karin und Maria, ist Steven auf Facebook befreundet. Maria lebt seit Jahren in Kalifornien und kann von dort sowieso nichts unternehmen. Wir bringen sie trotzdem auf den Stand. Väterlicherseits ist sie die einzige meiner Tanten, an die ich überhaupt Erinnerungen habe. Bevor sie in die USA ging, war sie manchmal mit ihrem Freund Riccardo zu Besuch, den sie später geheiratet hat. Die vierte Schwester hat kein Facebook, dafür aber ihre Tochter. Holger, Papas Bruder, erreichen wir als Einzigen nicht.

»Meinst du, das bringt was?«, frage ich Steven, als wir fertig sind. »Meinst du, irgendjemand hilft?«

Er zuckt die Schultern. »Mir soll nachher bloß niemand sagen, er hätte von nichts gewusst.«

Irgendwann hören wir Schritte auf der Treppe. Steven und ich sitzen uns stumm gegenüber, als Mama im Nachthemd die Küche betritt.

»Norman«, staunt sie.

Ich stehe auf und umarme sie fest. »Hi, Mama.«

Als wir voneinander ablassen, sieht sie mich kritisch an. »Du hast gar nicht gesagt, dass du heimkommst.« Sie lächelt und setzt sich ebenfalls an den Tisch. »Ich hätte doch zu Abend gekocht.«

Ich atme schwerfällig aus. »Ich hatte auch nicht geplant herzukommen«, gebe ich zu.

Ihr Lächeln verschwindet. »Ist irgendwas passiert?«

Ich sehe zu Steven rüber, der gerade die zweite Zigarette dreht, dann wieder in Mamas sorgenvolles Gesicht. »Es geht um Papa.«

Sie starrt mich nur an.

»Er lebt«, sage ich, doch es fühlt sich an, als würde ich eine Todesnachricht überbringen. »Papa lebt.«

»Aber wieso?«, fragt sie. Und dann fängt sie an zu weinen.

Ich komme mir so hilflos vor wie damals. Ich frage mich, was in ihrem Kopf passiert. Ob sie wieder an das Trinken denkt, an die unbezahlten Rechnungen. »Er lebt, Mama.«

»Aber …«, schluchzt sie und stockt.

»Ich weiß.« Ich nehme ihre Hand. Mit dem Daumen streichle ich über ihre Finger. »Er ist obdachlos. Und er sucht nach uns: nach Steven und mir.«

Sie schluckt und schaut mich aus verweinten Augen an. »Es war doch endlich alles gut.«

Und ich verstehe das. Sie hat so lange gekämpft damals, sich so erschöpft und letztlich doch verloren. Sie hat sich mit dem Gericht herumgeschlagen, in Vollzeit gearbeitet, um ihre Familie über Wasser zu halten, und allein zwei Kinder großgezogen. Seit vier Jahren ist sie in einer neuen Beziehung, hat sich ein neues Leben aufgebaut – ohne Papa. Und jetzt droht alles wieder von vorn anzufangen.

»Ich will das nicht«, weint sie und hört gar nicht mehr auf.

Steven und Mama rauchen zwei Zigaretten, bis sie einigermaßen beruhigt ins Bett geht. Wir bieten ihr an, morgen noch mal in Ruhe über alles zu reden. Das Foto von Papa möchte sie nicht sehen, zumindest nicht heute.

Steven und ich beschließen, folgende Nachricht an David zu verfassen:

Hallo David!
Wir haben inzwischen den Rest der Familie informiert, uns Gedanken gemacht und viel miteinander gesprochen. Wir würden gern mit unserem Vater telefonieren.
Dazu bräuchten wir deine Hilfe. Könntest du ein billiges Prepaidhandy besorgen? Wir würden dir das Geld natürlich im Voraus überweisen. Mit ihm übers Telefon zu sprechen, ist vielleicht der leichteste Weg, nach langer Zeit wieder in Kontakt zu kommen. Vielleicht kann er uns dann genauer sagen, wie wir ihm am besten helfen können.
Das würde uns wirklich viel bedeuten.
Norman & Steven

Am nächsten Tag meldet David sich zurück:

Hey Norman!
Das kann ich auf jeden Fall machen, kein Problem für mich.

Wir erzählen Mama von unserem Plan, halten unsere Tanten up to date. Doch David meldet sich nicht. Über Wochen schreibe ich ihn immer wieder an: »Hast du über die Sache mit dem Telefon nachgedacht?«, »Würdest du mich anrufen, wenn du meinen Vater das nächste Mal siehst?« und »David, hast du meine Nachricht bekommen?«

Er antwortet nur: »Ja.« Immer wieder.

Während ich auf seinen Anruf warte, kündige ich meine Wohnung in Marburg und ziehe wieder nach Hause. Ich arbeite an meiner Masterarbeit und schreibe eine letzte Klausur. Ich finde eine Gastfamilie in den USA und beantrage ein Visum. Ich verabschiede mich von meinen Freunden, Schritt für Schritt, und beende die Beziehung mit Fabian. Ich tue all das, bevor ich meinen Koffer packe und nach Boston fliege.

Doch Davids Anruf bleibt aus – über Wochen und Monate.

2

Fake

25. Dezember 2017

Ich lese noch einmal Korrektur und stelle sicher, dass sein Foto angehängt ist. Dann drücke ich auf »Senden«. Nach einigen Sekunden ist der Tweet online:

@deinTherapeut

Das hier fällt mir schwer, aber vielleicht kann Twitter helfen.

Ich suche meinen Papa.

Er ist obdachlos und soll in Hamburg leben. Sein körperlicher Zustand ist vermutlich äußerst schlecht. Das Foto ist circa ein Jahr alt.

Ein Retweet würde mir alles bedeuten.

Danke!

25. Dezember 2017 (10:36 Uhr)

»Scheiße.« Ich werfe mein Handy ans andere Ende des Betts, als könnte es jede Sekunde explodieren. »Scheiße, scheiße.« Dann hole ich es zurück, entsperre den Bildschirm, öffne die Einstellungen und aktiviere den Flugmodus. »Scheiße, was habe ich getan?«

Musik, ich brauche Musik. Ich hole meine Kopfhörer, öffne Spotify und scrolle durch meine Playlists. Ich klicke die Liste »Schlechte Tage« an, wähle »Hard Times« von Paramore aus und drehe die Lautstärke voll auf. Als der Bass durch meinen Kopf donnert, fühle ich mich besser. Hayley Williams, die Frontfrau der Band, singt: »Hard times gonna make you wonder why you even try.« Und ich fühle jedes Wort.

Als Nächstes höre ich »Swing Life Away« von Rise Against, weil es mich an meine beste Freundin Lisa erinnert. Dann »Breakaway« von Kelly Clarkson, das erinnert mich an Steven. Als »Welcome To The Black Parade« von My Chemical Romance startet, stoppe ich die Musik sofort, bevor ich zu heulen anfange.

Ich entferne den Flugmodus, öffne WhatsApp und schreibe an Steven: »Ich hab's getan. Das, worüber wir geredet haben. Ich hab's getan.« Dann schalte ich das Handy aus. Ich stecke es unter mein Kopfkissen, wünsche mir, dass ich es nie wiederfinde, und lache mich in derselben Sekunde für den Gedanken aus. Norman Wolf aka @deinTherapeut, Akkord-Twitterer, will sein Handy nie wiederfinden? Na klar.

Meine ersten Tweets habe ich letztes Jahr verfasst. Da ging es um Pokémon GO, das gerade rausgekommen war, und alle waren verrückt danach. Auch über Politik schrieb ich damals oft. Mit der Zeit wurde ich persönlicher. Fing an, über mein eigenes Leben zu schreiben. Ich schrieb über Dates, die ich hatte, wie Schwulsein so ist, und Vorurteile, die mich nerven. Ich schrieb über mein Studium, die Angst vor der nächsten Klausur und die Inhalte der letzten Vorlesung. Auch meine eigene psychische Gesundheit machte ich zum Thema. Ich postete Gedanken und Gefühle, die mich belasteten. Verschwieg bald nicht mehr, dass ich selbst mit Depressionen gekämpft habe, in der Schule gemobbt wurde und welche Kratzer ich davongetragen habe. Dafür bekomme ich Zuspruch, Aufmunterung, Mitgefühl. Oft denke ich: Hier kann ich Dinge aussprechen, die ich sonst nirgendwo sagen kann – ohne verurteilt zu werden.

Über ein Thema spreche ich nie: Papa. Zu groß ist die Angst, alte Wunden aufzureißen. Nicht nur bei mir, auch bei Steven und Mama. Bis heute, an Weihnachten, als ich aus dem Fenster sah, den Schnee betrachtete und dachte: Papa ist da draußen, friert und sucht nach uns. Und dieser Gedanke hat mir viel mehr Angst gemacht als irgendwelche alten Wunden. Also habe ich es getan: Meinen sechstausend Followern mitgeteilt, dass ich nach meinem obdachlosen, alkoholkranken Vater suche. Ich muss verrückt sein, denke ich. Und dann denke ich wieder an Papa, der auf die Autobahn rennt, nur um meine Jacke wiederzuholen. Der auf dem Volksfest eine ganze Box mit Losen kauft, nur um den Hauptgewinn zu ziehen. Ich denke: Ja, ich bin sein Sohn. Kein Vaterschaftstest nötig.

Eine halbe Stunde liege ich reglos auf dem Bett und schwelge in Erinnerungen, bis ich mein Handy wieder einschalte. Das WLAN verbindet sich automatisch und plötzlich schießen die Notifications im Sekundentakt auf meinen Homescreen. Noch mal werfe ich das Handy wie eine scharfe Bombe ans andere Ende des Betts. Es fällt runter, geht aber nicht in die Luft. »Woah«, mache ich.

Ich hebe es wieder auf und öffne die Twitter-App. Viertausend. Nach nicht mal einer Stunde haben viertausend Menschen meinen Tweet geteilt. Über einhundert Kommentare wurden verfasst. Ich lese den ersten:

@disgusteDGuy

Was hier gerade abgeht, wird für mich eindeutig die prägendste Erinnerung an Weihnachten 2017 sein. Viel Erfolg!

25. Dezember 2017 (10:53 Uhr)

Ich scrolle verblüfft durch die Kommentare. Die meisten User sprechen mir Mut zu, wünschen viel Erfolg bei der Suche. Viele wollen den Aufruf mit Familie und Bekannten in Hamburg teilen oder mit ihren Facebook-Freunden. Mir werden ein Dutzend Anlaufstellen in Hamburg genannt. An den »Kältebus« könnte ich mich zum Beispiel wenden, der sammelt in Winternächten Obdachlose ein. Bei

Hinz&Kunzt könnte ich anrufen, das ist ein Hamburger Straßenmagazin, das Obdachlose gegen Bezahlung verkaufen. Hamburger versprechen die Augen offenzuhalten, wenn sie in der Stadt unterwegs sind. Einige drucken sich das Foto sogar aus oder laden es herunter, um es im Zweifelsfall dabeizuhaben. Ein Busfahrer klebt es vorn an die Scheibe. Ein Mann mittleren Alters bietet mir an, Aushänge anzufertigen, auszudrucken und in der Stadt zu verteilen. »Alter«, sage ich laut, »der will die sogar laminieren.«

Ich schließe Twitter und öffne WhatsApp. Steven hat meine letzte Nachricht noch nicht gelesen. Im Kopf rechne ich sechs Stunden vor. Halb sechs am Abend müsste es in Deutschland gerade sein. Alle Verwandten sind jetzt zu Besuch bei uns. Die Erwachsenen sitzen bei Kaffee und Kuchen zusammen, während die Kinder meiner Cousine Jenny ungeduldig auf das »zweite Christkind« warten.

»Ruf mich an, wenn du das liest«, schreibe ich.

Dann aktualisiere ich den Tweet: wieder dreihundert Retweets. Noch nie habe ich einen Post gesehen, der sich so rasant verbreitet. Ich scrolle durch die neuen Kommentare: Ein Nutzer fragt sich, ob Papa überhaupt gefunden werden möchte. Vielleicht wolle er gar nicht, dass alle von seinem Leben auf der Straße erfahren. Er wirft mir vor, meinem Vater einen »Twitter-Mob« auf den Hals zu jagen. Andere bezeichnen mich in ihren Kommentaren als »übergriffig« und »rücksichtslos«. Ich schließe die Augen, atme tief ein und denke: Die wissen nichts über dich. Nichts über dich und auch nichts über Papa. Die wissen nicht, wie das war. Haben das Geschrei nicht gehört und das Weinen. Die standen nicht plötzlich ohne Vater da. Die haben keine Ahnung. Die reißen nur ihr Maul auf, weil sie im Internet anonym sind und ein bisschen Radau machen können. Und in echt sind die klein. Ganz klein.

»Er wollte uns finden!«, brülle ich mein Handy an. Es reagiert nicht. »Und dass Twitter weiß, dass er obdachlos ist, ist vermutlich sein kleinstes Problem!« Und dann tippe ich wütend in mein Handy, was mir durch den Kopf geht. Der Tweet erscheint direkt unter meinem Suchaufruf:

@deinTherapeut

Ich bin überwältigt und weiß gar nicht, wohin mit all der Hoffnung, die gerade in mir wächst.

Die wenigen ekelhaften Kommentare werde ich möglichst ignorieren. Weder bin ich ›übergriffig‹, noch hetze ich meinem Vater ›einen Twitter-Mob auf den Hals‹.

Ihr wisst gar nichts.

25. Dezember 2017 (11:30 Uhr)

Eine halbe Stunde später ruft Steven endlich an. Noch beim ersten Klingeln gehe ich ran: »Du wirst nicht glauben, was passiert ist.«

»Schon gesehen«, antwortet er. Im Hintergrund höre ich das Klappern von Tellern und Besteck, Stimmen reden durcheinander. Eine davon kann ich als Mama identifizieren, eine andere als Onkel Wolfgang. »Der Tweet geht viral.«

»Und? War das Christkind schon da?«

»Ja, die Kinder sind versorgt. Warte kurz.« Ich höre Schritte, dann eine Tür, die sich schließt und die Geräusche aussperrt. Steven flüstert: »Eben in einer ruhigen Minute habe ich auch mal die Mama beiseitegenommen und ihr von der ganzen Aktion erzählt.«

»Hat sie geweint?«

»Nein, das nicht. Sie …« Steven braucht ein paar Sekunden, um die richtigen Worte zu finden. »Sie findet es okay, dass du das machst. Dass du nach ihm suchst. Aber sie versteht nicht, warum.«

Als wir ihr gesagt hatten, dass Papa noch lebt, hat sie geweint und ständig »Wieso?« gefragt. Sie konnte sich kaum beruhigen. Ich kann nachvollziehen, warum sie das nicht versteht. Wenn ich Mama wäre, würde ich mich auch nicht verstehen.

»Verstehst du, warum?«, frage ich Steven.

»Ja«, sagt er lachend. »Ich habe den gleichen Vater.«

Ich verbinde die Bluetooth-Box mit meinem Handy und schalte Musik an. Während das Album »I Like It When You Sleep« von The 1975 leise durch mein Zimmer rieselt, suche ich einen Kuli und dieses Notizbuch, das ich nur gekauft habe, weil es aussieht wie die Notizbücher, die man aus amerikanischen College-Filmen kennt. Es liegt in meiner Nachttischschublade. Ich lege mich aufs Bett, schreibe »PAPA« in Großbuchstaben in die Mitte der ersten Seite und ziehe einen Kreis darum. Ich schreibe »Name«, »Alter«, »Trinken« und »Unfall«. Letztere Worte verbinde ich mit einem Strich. »Unterhalt« schreibe ich auf, »Verschwinden« und »David«. Fast die ganze Seite schreibe ich voll, streiche die Hälfte wieder durch, sortiere neu und versehe Worte, die besonders wichtig sind, mit einem Sternchen.

Als ich fertig bin, krame ich mein Handy hervor und beginne zu tippen: »Mein Vater heißt Klaus. Er ist vor etwa zehn Jahren verschwunden und gilt seither als vermisst.« Ich teile Twitter mit, dass Papa schon damals alkoholabhängig war und sich kurz vor seinem Verschwinden bei einem Verkehrsunfall eine schwere Kopfverletzung zugezogen hat. Dann beginne ich, von David zu erzählen. Dass Papa ihn nachts auf der Straße angesprochen und gefragt hat, ob er ihm helfen könnte, seine Söhne ausfindig zu machen. Ich beschreibe, dass David mich per Facebook gefunden, mir eine Nachricht geschickt und das Foto angehängt hat. »Wir alle dachten lange, dass mein Papa nicht mehr am Leben sei«, schreibe ich dazu und denke daran, wie leer mein Schädel sich anfühlte, als ich das Foto zum ersten Mal gesehen habe. »Schließlich bat ich David, mich anzurufen, sollte er meinen Vater wiedersehen«, formuliere ich. »Er sagte zu. Dann meldete er sich nicht mehr.«

Auch die Infos über Papa werden fleißig geteilt. Flüchtig sehe ich die Kommentare durch:

@marli

Ein großes, warmes Herz voller Liebe sende ich dir, Norman.

25. Dezember 2017 (13:46 Uhr)

Ich verlasse mein Zimmer, laufe an zwei Stoffhasen auf kleinen Plastikstühlen vorbei, die ein Kaffeekränzchen abhalten, sammle ein paar Socken ein und gehe die Treppe rauf. In der Küche steht meine Gastmama und wirft gerade einen Bund Petersilie in den Mixer.

»Hi«, sage ich.

»Hi«, sagt Amy, zieht eine Frühlingszwiebel aus dem Kühlfach, ein Messer aus dem Block und beginnt zu hacken. »Hast du noch mal geschlafen?«

Die Zwillinge, Finley und Sabine, haben mich und ihre Eltern heute um sieben Uhr früh aus dem Bett geholt. In den USA werden die Geschenke erst am Morgen nach Heiligabend geöffnet, weil Santa Claus in der Nacht kommt und den riesigen Christbaum bestückt. Der Deal war: Wenn ihr uns früh weckt, dann müsst ihr Kaffee kochen und ihn uns ans Bett bringen. Das war super. »Ein bisschen«, gebe ich zu und setze mich auf einen Hocker an die Kücheninsel. »Sind die Mädchen in ihren Zimmern?«

Amy sieht mich mit hochgezogenen Augenbrauen an. »Untrennbar mit ihren neuen Laptops vereint.« Sie schüttelt lachend den Kopf, als sie die Knoblauchpresse zudrückt. »Spielen irgendein Spiel mit Feen, die aufs College gehen. Und in der Cafeteria gibt's nur Pizza und Hotdogs.«

Ich checke mein Handy. Neuntausend Mal wurde mein Beitrag

inzwischen geteilt. »Amy«, sage ich und sehe vom Handy auf. »Du weißt doch noch, mein Papa.«

»Klar.« Sie wirft den Knoblauch, die gehackte Frühlingszwiebel und einen Schuss Sonnenblumenöl zu der Petersilie in den Mixer und sucht nach dem Deckel. »Hat dieser Daniel sich doch noch gemeldet?«

»David«, sage ich, »nein.« Für ein paar Sekunden übertönt der Mixer alles. »Aber ich habe einen Suchaufruf auf Twitter gestartet.« Und dann erzähle ich in Kürze, was seit heute Morgen passiert ist.

»Wow«, staunt sie, als ich fertig bin. »Das ist wow.«

Während sie Kaffee aufsetzt, zeige ich ihr den Tweet und lese ein paar der Kommentare vor. Zum ersten Mal checke ich auch meine Direktnachrichten. Das meiste ist Zuspruch und Rückhalt, auch einige Hinweise sind dabei. Eine Frau erzählt, dass auch ihr Vater obdachlos sei. Vereinzelt werde ich als »Hurensohn« bezeichnet. Andere nennen meinen Suchaufruf einen »armseligen Versuch, an ein paar Follower zu kommen«. Ich solle aufhören, gutgläubige Menschen zu verarschen. Immer wieder lese ich dasselbe Wort: »Fake«.

»Menschen können scheußlich sein«, kommentiert Amy.

Ich setze zwei Tweets ab:

@deinTherapeut
Und da sind sie: die ersten Anschuldigungen, es handele sich um einen Fake.
Ich brenne vor Wut. Seit Wochen zerbreche ich mir den Kopf, ob ich diesen Aufruf teilen soll. Weil ich weiß, wie viel er preisgibt und wie verletzbar er mich macht.
25. Dezember 2017 (14:01 Uhr)

»Mein Kopf platzt gleich, der muss an die Luft.« Ich sehe zur Tür. Hinter dem Glas türmt sich das Weiß. »Aber da liegt ein Meter Schnee im Weg.«

Amy zwinkert. »Wir kriegen dich schon raus.«

Ich komme durch die Garage raus. Weil ich im März in die Staaten gekommen bin, habe ich keine Stiefel dabei, doch Amy leiht mir ihre. Ich sinke bei jedem Schritt ein, kann mich aber auf die andere Straßenseite vorkämpfen. Ich stapfe an der Grundschule der Mädchen vorbei, betrachte die schneebedeckten Klettergerüste und entdecke einen Schneemann in der Nähe der Schaukel. Die Hauptstraße wurde kürzlich geräumt und ist trotzdem schon wieder weiß. Der Schnee fällt seit gestern unaufhörlich. Die Winter sind hart an der Ostküste, häufig gibt es noch im April Schneestürme. Mein Weg führt mich am Stadtpark vorbei, an der Bank und an einem Donut-Laden den Devon, mein vierzehnjähriges Gastkind, über alles liebt. Die Leute, die dort arbeiten, nehmen Rücksicht auf ihn und seine Behinderung, starren ihn aber nie an. Das hasse ich am meisten: Wenn Leute ihn anstarren, als käme er von einem anderen Planeten. Dabei sind nur seine Chromosomen ein bisschen durcheinander.

Während ich die Hauptstraße entlanggehe, zücke ich mein Handy. Die Twitter-Notifications habe ich vorhin abgestellt, doch ich habe Nachrichten von Steven.

»Habe die dummen Kommentare gelesen«, schreibt er. »Hier, zur Aufmunterung.« Er schickt ein Foto, das auf den dritten Januar 1998 datiert ist. Da war ich gerade mal vier Jahre alt. Die ganze Familie, auch meine Cousine Jenny, Tante Ilona und Onkel Wolfgang, sitzt auf einem riesigen Schlitten. Papa sitzt ganz vorn, ich auf seinem Schoß.

Steven hat noch ein Foto geschickt. Wieder sitze ich auf Papas Schoß, bin aber viel kleiner als auf dem ersten Bild. Ich habe einen nassen Waschlappen in der Hand und Papa verzieht lustig das Gesicht. Ich weiß noch, wie alle gelacht haben, als ich ihm den Waschlappen ins Gesicht gedrückt habe. Das ist meine erste Erinnerung an Papa.

Ich muss grinsen, wenn ich daran zurückdenke. »Wo hast du die alle her?«, frage ich Steven.

Er antwortet sofort: »In Papas Werkstatt gefunden.« Dann tippt er noch mal. »Lass dich nicht unterkriegen, okay? Du tust das Richtige.«

Ich schicke noch ein Herz an Steven, dann öffne ich Twitter. Weil ich keine Handschuhe trage, sind meine Finger inzwischen eiskalt. Der Touchscreen ist feucht vom Schnee und lässt sich nur schwer bedienen. Ich klicke auf den letzten Tweet, den ich geschrieben habe, als ich mit Amy zusammensaß, und sehe die Antworten durch:

@woodglimm

Richtige Einstellung, Norman! Wir sind genug Menschen, die einfach nur helfen wollen, und gemeinsam finden wir deinen Papa!

25. Dezember 2017 (14:17 Uhr)

Ja, hoffentlich. Ich beschließe, nach Hause zu gehen.

Im Laufe des Tages wird mein Tweet zwölftausendmal geteilt. Ich erhalte hundert weitere Kommentare. Ein Nutzer ohne Profilbild schreibt, er habe meinen Vater im Obdachlosenheim gesehen, wie er über mich gelästert hat. Ein anderer User kopiert meinen Tweet im Wortlaut und hängt ein Foto von Adolf Hitler an. Hunderte schließen sich an. Mein Suchaufruf taucht im Minutentakt mit Fotos von deutschen Rappern, Promis und SpongeBob Schwammkopf auf.

Irgendwann lege ich das Handy beiseite. Die Mädchen zeigen mir ihre neuen Laptops, gemeinsam erstellen wir eine Fee und essen Pizza in der College-Cafeteria. Ich schaue fern mit Devon, der mal wieder »Micky Maus Wunderhaus« guckt und ständig vor- und zurückspult. Ich helfe meinen Gasteltern beim Kochen und dann essen wir gemeinsam.

Nur einmal schaue ich noch auf mein Handy und schreibe einen letzten Tweet:

@deinTherapeut

Danke an alle, die liebe Worte finden und Unterstützung anbieten.

Aber für heute ist mein Kopf voll.

Ich klinke mich aus.

25. Dezember 2017 (15:41 Uhr)

3

Den Papa kriegt nichts klein

26. Dezember 2017

Als ich aufwache, habe ich sieben Interviewanfragen. *Bild* und *The Huffington-Post* haben bereits berichtet, ohne mit mir zu sprechen. »Auch ein Twitter-Nutzer namens Norman würde das Fest gerne mit seinem Vater feiern«, schreibt Letztere. Dabei ist Weihnachten fast vorbei und ich bin nicht mal in Deutschland. Ich vereinbare zwei Interviews und eine Radio-Liveschaltung, bevor ich überhaupt das Bett verlasse. Mit je mehr Leuten ich spreche, geht mir durch den Kopf, und je mehr Leute von meiner Suche hören, desto größer ist die Chance, Papa zu finden.

Ich fange an, die Anlaufstellen in Hamburg abzutelefonieren, die mir über Twitter genannt wurden. Ich führe zwölf Telefonate: Viele meinen, Papa schon einmal gesehen zu haben, aber nicht in letzter Zeit. Überall hinterlasse ich meine Handynummer. Sie versprechen, mich anzurufen, falls sie Papa sehen. Immer wieder gehe ich die Kommentare und Nachrichten durch, bedanke mich für jeglichen Zuspruch, sammle neue Hinweise, beantworte Fragen: »Ich habe heute einen Obdachlosen in Altona gesehen, der deinem Vater ähnlich sieht. Spricht er polnisch?« Andere denken, meinen Vater in Köln oder Berlin gesehen zu haben. Für Leute mit festem Wohnsitz müssen Obdachlose alle gleich aussehen, denke ich.

Der erste konkrete Hinweis erreicht mich gegen Mittag: Ein Hamburger schreibt, sein Freund sei Arzt, versorge Obdachlose und kenne meinen Vater. Er gibt mir den Facebook-Kontakt durch, ich schreibe ihm sofort. Er sehe ihn unregelmäßig, aber immer wieder. Weil er unter Schweigepflicht stehe, könne er meine Fragen nicht beantworten. Er könne mir nur anbieten, ihm meine Handynummer zu geben – irgendwann.

Kurz darauf der nächste Hinweis: Ein Feuerwehrbeamter meldet sich. Er arbeite in der Hamburger Innenstadt und habe meinen Vater schon mehrfach im Rettungswagen ins Krankenhaus transportiert. Wieder gebe ich meine Handynummer durch. Auf Twitter dokumentiere ich beide Kontakte.

Immer wieder checke ich die Statistik. Am Nachmittag wurde der Tweet bereits sechzehntausendmal geteilt. Trotzdem fehlt der entscheidende Hinweis. Wer weiß: Vielleicht verwechseln auch der Arzt und der Feuerwehrbeamte ihn nur mit einem anderen Obdachlosen, der polnisch spricht. Ich werde zunehmend unruhig, frage mich langsam: War Twitter der richtige Weg? Das ganze Internet weiß jetzt Bescheid, am Ende finden wir ihn doch nicht und dann war alles umsonst.

Doch dann schreibt Jarek. Er habe in der *Bild*-Zeitung von meiner Suche gelesen und kenne meinen Vater schon lange. »Soweit ich das beurteilen kann, geht es ihm gut«, schreibt er. »Er ist auf dem linken Auge blind (wahrscheinlich durch den Unfall) und hat damals als Dachdecker gearbeitet. So hat er mir das immer erzählt.«

»Das habe ich doch nie …«, sage ich vor mich hin und öffne Twitter. Ich scanne meine Tweets über Papa nach den Informationen ab, dass er Dachdecker war oder auf einem Auge blind, doch finde nichts. Das habe ich nie online geteilt. Er kennt Papa. Er kennt Papa wirklich.

»Ich rede oft mit ihm«, schreibt er weiter. »Er ist ein guter Mensch, lebt aber unter schlimmen Bedingungen.« Er schickt mir die Adresse einer Total-Tankstelle in Hamburg-Hamm. Gleich daneben sei auch die Sparkasse, in der das Suchfoto entstanden sei. »Ich habe meine Firma über der Tankstelle, deswegen sehe ich ihn fast jeden Tag und spreche aus Höflichkeit immer ein paar Worte mit ihm. Ich habe ihm auch öfters Geld oder zu essen und zu trinken gegeben.«

Ich starre ungläubig auf das Display. Mein Herz pocht stark gegen meine Brust, unbewusst halte ich die Luft an. Wir haben ihn. Wir haben ihn gefunden. »Hallo Jarek!«, tippe ich in das Textfeld. »Das ist mein Papa, ganz sicher. Er hat früher als Dachdecker gearbeitet und ein Glasauge hat er, weil er das echte als Kind verloren hat. Wie geht es ihm?«

Jarek antwortet sofort: »Er ist obdachlos, jeden Tag besoffen und pennt auf unserem Parkplatz auf einer Matratze. Also den Umständen entsprechend gut.«

»Kann ich ihn irgendwie sprechen?«

»Ich bin im Urlaub«, schreibt Jarek. »Aber mein Vater ist morgen wieder im Büro. Ich sage Bescheid und gebe ihm deine Nummer, dann kann er dich von unserem Telefon aus anrufen.« Kurz ist er offline, dann kommt er zurück und schreibt: »Ich hoffe nur, dass er auch morgen wieder da ist und überhaupt mit dir sprechen will.«

»Das wäre unglaublich, danke!«

»Warum jetzt erst?« Ich muss hart schlucken, als ich seine Frage lese. »Warum kommst du jetzt erst auf die Idee, nach ihm zu suchen? Vier Jahre schon sehe ich ihn jeden Tag und habe mehr Worte mit ihm gesprochen als du. Das ist doch traurig.«

Und kurz denke ich: Ja, ist es. Es ist traurig. Aber niemandes Schuld. Ich erzähle Jarek, wie Papa auf der Straße landete. Davon, wie er seinen Job verlor. Wie er anfing zu trinken und irgendwann nicht mehr damit aufhören konnte. Wie Mama an ihre Grenzen kam, als er betrunken angefahren wurde, und sich trennte. Ich erzähle von dem Unterhalt, den er nicht zahlen konnte, weil er alles in Alkohol steckte, und wie die Staatsanwaltschaft zuletzt nur eine leere Wohnung vorfand. All das erzähle ich ihm und am Ende, glaube ich, kann er mich verstehen.

»Ich melde mich morgen noch mal und wir bleiben in Kontakt.«

»Danke, danke, danke!«

Kaum habe ich den Chat geschlossen, tippe ich ekstatisch in mein Handy:

@deinTherapeut

Ein junger Mann aus Hamburg hat sich gerade gemeldet. Er arbeitet dort, wo mein Vater schläft. Sie reden fast täglich. Er konnte mir Dinge über ihn erzählen, die ich nie auf Twitter gepostet habe. Wir haben ihn gefunden! Ich bin mir ganz sicher.

26. Dezember 2017 (17:50 Uhr)

---

27. Dezember 2017

Am Mittwochmorgen um halb fünf sitze ich kerzengerade im Bett. Seit ich weiß, dass Jareks Vater heute mit Papa reden und ihm anbieten wird, sein Telefon zu benutzen, starre ich nur auf mein Handy und bekomme kein Auge zu. Ich teile auf Twitter, dass Jarek Papa für einen guten Menschen hält, aber auch, dass er jeden Tag betrunken sei.

Gegen fünf bekomme ich eine Interviewanfrage von *jetzt.de*, dem Onlinemagazin der *Süddeutschen Zeitung*. Die Redakteurin ist erstaunt, dass ich gleich antworte. »Ist es bei dir nicht gerade unfassbar früh?«

»Ja«, schreibe ich schulterzuckend. »Schlafen gestaltet sich gerade nicht so einfach.«

Ein paar Stunden später telefonieren wir. Inzwischen habe ich so viele Interviews gegeben, dass ich mich einigermaßen sicher fühle. Sie fragt, wie ich mit den Hasskommentaren umgehe. Ich antworte, dass ich Spott und Hohn aus meiner Jugend gewohnt bin. Sie lacht, aber ich meine das ernst. »Wenn du dem Internet die Chance gibst, dich zu verletzten, dann passiert genau das«, sage ich und denke, dass das Twitter ganz gut zusammenfasst. »Wenn man etwas so Intimes offenlegt …« Ich stocke kurz. »Weißt du, die können mich tausendmal ›Hurensohn‹ nennen, das ist mir egal. Aber die wissen nicht, wie das damals war. Darüber macht man keine Witze.« Ich erzähle ihr auch von den vielen positiven Reaktionen. »Es sind nur Worte im Internet, aber das hilft«, sage ich.

Im Laufe des Tages rollen auch die Schlagzeilen anderer Magazine und Nachrichtendienste ein. Eine »rührende Aktion« nennt die *Berliner Morgenpost* meine Suche. RTL schreibt von meinem »verzweifelten Twitter-Aufruf«, schneidet ein Video aus Tweets und Selfies zusammen und hinterlegt es mit dramatischer Musik. Es endet mit den Worten: »Die Hoffnung stirbt zuletzt.« Das Schweizer Radio und Fernsehen (SRF) titelt: »Der verlorene Vater – ein Twitter-Märchen«. Ich persönlich warte ja sehnsüchtig auf den Teil, in dem alle glücklich und zufrieden bis ans Ende ihrer Tage leben.

Was nicht kommt, ist Jareks Anruf. Als es in Deutschland Abend wird, lässt er mich wissen: Sein Vater hat meinen Vater heute nicht angetroffen. Vielleicht morgen.

»Daumen drücken!«, schreibe ich auf Twitter. Und Twitter drückt die Daumen.

Doch auch in den Folgetagen passiert nichts. Ich bekomme keinen Anruf, die Anspannung bringt mich fast um den Verstand. Während der Zuspruch ohne Neuigkeiten immer mehr abklingt, legen die Hasskommentatoren erst so richtig los. Ich wolle nur Aufmerksamkeit erzeugen, lese ich häufig. Es sei verdächtig, dass ich mich ausgerechnet zu Weihnachten für meinen angeblich obdachlosen Vater interessiere.

Ich spreche mit einem Reporter von *Die Welt*. Als er sagt, dass er mir ein paar Fragen stellen möchte, um den Wahrheitsgehalt der Geschichte zu prüfen, brülle ich ins Telefon: »Ich bin es leid, dass mir niemand glaubt!« Er versichert mir, dass er meinen Unmut versteht. Als Journalist müsse er Geschichten wie diese aber verifizieren. Er hat ja recht. Ich entschuldige mich bei ihm und denke: Wie lange hältst du das noch aus, Norman? Ohne durchzudrehen?

Jeder Tag ist eine Zitterpartie. Nicht nur der Anruf bleibt aus, auch neue Hinweise bekomme ich nicht. Der Tweet verbreitet sich kaum noch. Mir bleibt nichts anderes übrig, als zu warten und durchzuhalten, während alles in den Händen anderer liegt. An Silvester habe ich immer noch nichts gehört. Nach außen hin gebe ich mich optimistisch, doch eigentlich glaube ich: Jarek hat schon längst mit Papa geredet. Aber Papa will nicht mit mir reden.

04. Januar 2018

Dann ging plötzlich alles ganz schnell. Am dritten Januar erhielt ich eine Twitter-Nachricht von Rolf. Auch er kenne meinen Vater, habe ihn heute erst gesehen. Papa wisse, dass ich nach ihm suche, erzählte Rolf, habe aber keine Möglichkeit, mich zu kontaktieren. Ich bat ihn, mich anzurufen, wenn er Papa das nächste Mal sieht. Da Rolf kein Handy hat, schlug er etwas anderes vor: Er will Papa mit nach Hause nehmen, damit er vom Festnetz aus anrufen kann. Er machte sich sofort auf den Weg, Papa noch einmal zu treffen. Nach einer halben Stunde war er zurück und die Verabredung stand. Morgen, vierzehn Uhr mitteleuropäische Zeit.

Und seitdem zähle ich jede Sekunde.

Am frühen Morgen stehe ich im Bad und rasiere mich. Schlafen kann ich schon seit vier Uhr nicht mehr. Als ich fertig bin, halte ich den Rasierer unter heißes Wasser und wasche mir den restlichen Schaum aus dem Gesicht. Ich sehe mich im Spiegel an. Ich sehe Papa ähnlich. Dem Papa zumindest, an den ich mich erinnere. Die Wangenknochen sind dieselben und das Kinn. Meine Haare sind dunkelbraun, fast schwarz, wie seine. Ich versuche, mich an seine Stimme zu erinnern, schaffe es aber nicht. Acht Jahre ist es jetzt her, dass wir miteinander gesprochen haben. Acht Jahre, das ist ein Drittel meines Lebens. Dann denke ich: Was, wenn er meine Hilfe nicht will? Was, wenn er nur will, dass ich aufhöre? Was, wenn die Kritiker recht haben? Alle meine Bedenken schreibe ich auf:

@deinTherapeut
Vielleicht ruft er doch nicht an.
Vielleicht wird er betrunken sein.
Vielleicht will er keine Hilfe.
Vielleicht will er nur, dass ich aufhöre zu suchen.
Vielleicht ist nichts mehr von der Person übrig, die ich »Papa« nenne.
04. Januar 2018 (05:42 Uhr)

$\bigcirc$ $\uparrow\downarrow$ $\heartsuit$

Nach wenigen Sekunden erhalte ich die erste Antwort: »Vielleicht wird alles gut.«

Kurz nach acht Uhr Eastern Standard Time klingelt mein Handy. Obwohl ich es schon seit zehn Minuten ununterbrochen anstarre, erschrecke ich mich. Ich atme einmal tief durch, dann drücke ich mit zittrigem Finger auf den grünen Hörer. Ich will meinen Namen sagen, kriege aber keinen Ton heraus.

»Norman? Hier ist Rolf.«

Ich schlucke. »Hallo.«

»Hörst du mich, Norman?«

»Ich höre dich gut, ja.« Ich stehe auf und laufe zum Fenster. »Hörst du mich auch? In meinem Zimmer habe ich oft schlechten Empfang.«

»Ja, perfekt«, sagt Rolf. »Norman, dein Papa sitzt neben mir. Soll ich ihn dir mal geben?«

Plötzlich klopft mein Herz wie verrückt. Acht Jahre, denke ich immer wieder, acht Jahre. »Ja«, sage ich und es klingt gar nicht nach meiner Stimme.

Rolf antwortet nicht. Ich gucke auf mein Handy und sehe, dass das Gespräch beendet wurde. Für eine Sekunde weiß ich nicht, was ich denken soll. Dann klingelt es wieder. Rolf lacht, als ich abnehme. »Habe dich aus Versehen weggedrückt, als ich das Telefon weitergeben wollte.« Fick dich, Zufall. Das war echt nicht nötig.

»So, jetzt aber«, sagt er und dann knistert es in der Leitung. Ich sage mir: Erwarte nicht zu viel. Stelle dich darauf ein, dass du mit jemandem sprechen wirst, der vor langer Zeit einmal dein Vater war, bevor die Straße kam und der Alkohol. Sei nicht enttäuscht.

»Hier ist der Papa«, sagt er und seine Stimme klingt nicht wie der obdachlose Mann auf dem Foto, das ich so lange angestarrt habe. Sie klingt wie Papa.

»Papa«, sage ich.

»Norman«, antwortet er.

Und dann ist es still. Ich bin völlig überfordert. Mein Kopf ist voller Gedanken, doch nichts ergibt Sinn: Ist er nüchtern? Er klingt nüchtern. »Wie geht's dir?«, frage ich schließlich und denke im nächsten Moment: Darf man einen Obdachlosen überhaupt fragen, wie es ihm geht?

»Ach, ich kann mich nicht beklagen«, antwortet Papa. »Und wie geht's dir?«

»Gut«, sage ich und hänge an: »Es ist schön, mal wieder deine Stimme zu hören.«

»Ganz schön lange her.« Wieder ist es für ein paar Sekunden still in der Leitung. Papa scheint auch nicht recht zu wissen, was er sagen soll. »Aus der Schule bist du inzwischen raus, oder? Hast du dein Abitur geschafft?«

»Ja, habe ich.«

»Das habe ich mir gedacht«, sagt er sofort. »Du warst so ein kluger Junge. Hast immer gepuzzelt und gemalt, ganz genau hast du abgezeichnet. Damals wusste ich schon, dass aus dir mal ein Architekt wird.«

»Ich bin kein Architekt geworden, Papa«, gestehe ich ihm. »Ich habe Psychologie studiert und jetzt arbeite ich als Kindermädchen.«

»Als Kindermädchen«, sagt Papa und ich ziehe scharf die Luft ein. »Das ist doch gut. Die Hauptsache ist ja, dass du glücklich bist damit.«

Ich lächle. »Sehr glücklich. Ich kümmere mich um zwei achtjährige Mädchen und einen vierzehnjährigen Jungen. Der ist ganz verrückt nach Flugzeugen, und wenn er lacht, dann geht einem richtig das Herz auf.«

»Und selbst?«, fragt Papa. »Hast du selbst Kinder?«

»Nein«, lache ich. »So weit bin ich noch nicht.«

»Aber du machst das in Amerika, oder? Der Rolf hat zumindest erzählt, dass du da wohnst.«

»Ja, genau.«

»Dass mein Sohn mal in Amerika wohnt, damit habe ich nie gerechnet«, sagt er dann. Und fügt hinzu: »Ich bin ganz schön stolz auf dich.«

Ich presse die Lippen fest zusammen, die Lider fest aufeinander, und trotzdem verdrücke ich eine Träne. Papa hat noch nie gesagt, dass er stolz auf mich ist. »Ich bin so froh, dass du am Leben bist«, sage ich.

»Du weißt doch, den Papa kriegt nichts klein.« Und dann lacht er und es klingt genau wie früher. Zehn Jahre auf der Straße, doch sein Kampfgeist ist ungebrochen.

»Papa«, sage ich vorsichtig und sehe aus dem Fenster. Es liegt noch immer Schnee. »Ich würde dich gern treffen. Nach Deutschland kommen und dich sehen.«

»Oh, das ist aber gefährlich.«

Ich bin verwirrt. »Gefährlich?«

Er lacht. »Da fließen bestimmt die Tränen.«

Ein paar Minuten reden wir noch, bis Rolf Angst um seine Telefonrechnung bekommt. Papa sagt »Bis bald«, bevor er den Hörer weitergibt. Rolf gibt mir seine Telefonnummer und E-Mail-Adresse durch und sagt: »Lass mich wissen, wenn du mal wieder mit ihm sprechen willst.«

Als ich auflege, bricht der Damm. All die aufgestauten Tränen fließen einfach so heraus. Minutenlang stehe ich nur da und weine. Ich war nie so erleichtert. Weinen hat sich nie so befreiend angefühlt.

Twitter update ich erst am nächsten Tag. Wenige Stunden später lese ich im *Hamburger Abendblatt* darüber: »So war das erste Gespräch von Norman und seinem Vater«. Ich muss lachen. Die Welt ist verrückt.

Ich spreche lange mit Steven, dann mit Lisa. Ich erzähle ihnen, was Papa gesagt hat, dass er nüchtern war und genau wie früher klang. Ich erzähle, dass ich ihn unbedingt sehen will. Dann rede ich mit meinen Gasteltern. Sie verschieben ein paar Termine der Kids und können mir spontan Urlaub für Ende Januar geben. Ich poste auf Twitter:

@deinTherapeut
Jetzt ist es offiziell: Ich fliege nach Deutschland, um meinen Vater zu treffen.
Begleitet ihr mich?
11. Januar 2018 (11:23 Uhr)

Die Antwort kenne ich schon. Twitter ist längst zu meinem ständigen Begleiter geworden. Jede Neuigkeit, jeden Gedanken, jede Emotion poste ich. Was andere nur ihren engen Freunden erzählen würden, erzähle ich dem Internet. Ob Wut, Zweifel oder Traurigkeit: Negative Gefühle tun weniger weh, wenn man sie mit Tausenden anderen teilt. Und irgendjemand ist immer online. Keine Ahnung, was in Deutschland auf mich zukommen wird. Doch ich fühle mich sicherer, wenn die Menschen auf Twitter mich begleiten. Ich brauche Beistand, Zuspruch. Likes gegen die Angst.

Noch am gleichen Tag buche ich meinen Flug nach Deutschland für Dienstag, den dreiundzwanzigsten Januar. Rolf erzählt Papa, dass ich ihn besuchen komme. Er weint.

4

Wenn er jetzt tot ist,
hört alles endlich auf

23. Januar 2018

Fast einen Monat ist mein Suchaufruf her. Viele weitere Hamburger, die meinen Papa kennen, haben sich inzwischen bei mir gemeldet. Die Kassiererin der Total-Tankstelle zum Beispiel, die meistens die Nachtschicht macht und sich morgens, wenn noch nichts los ist, oft mit Papa unterhält. »Dann trinken wir immer einen Kaffee zusammen«, schreibt sie. Eine junge Mutter schreibt mich an. Sie kenne Papa von Spaziergängen im Park. Er säße oft auf den Bänken am Teich, und wenn sie mit ihrer zweijährigen Tochter vorbeikäme, spiele er immer ganz entzückt mit ihr. »Dein Papa ist ein guter Mensch«, sagt sie und ich muss an Jareks Worte denken.

Auch René meldet sich. Er sei ein Freund von Rolf und kenne Papa ebenfalls. Wir reden über mein Studium, die Masterarbeit, meine Au-pair-Kids. Auch er arbeite mit Kindern. Er malt, schickt mir einige seiner Porträts per WhatsApp. Auch von Rolf erzählt er: Dass er ein bisschen unnahbar sei. Dass er selbst mal auf der Straße gelebt habe und sich daher gut in Papa hineinversetzen könne. Letzte Woche erst habe er ihm einen Schlafsack gekauft. René gesteht: Meine Geschichte gehe ihm ans Herz. »Pass auf dich auf, Norman«, schreibt er einmal. »Du hast das Herz am rechten Fleck.«

In den Wochen vor meiner Reise kann ich ein wenig runterkommen. Die Kids helfen mir dabei. Wenn ich wilde Kissenschlachten mit den Mädchen veranstalte, mit Devon schief ins Autoradio singe und aus vollem Herzen lache, dann vergesse ich die ganze Situation für einen Moment.

Erst wenige Stunden vor Abflug werde ich nervös. Ich fange zu spät an, meinen Koffer zu packen, kann meinen Reisepass nicht finden und trinke viel zu viel Kaffee. Amy drückt mich zum Abschied und sagt: »Alles wird gut.« Die Zwillinge löchern mich mit Fragen, als wir uns verabschieden: »Aber wer weckt mich jetzt morgens auf?« und »Wenn du deinen Papa triffst, fragst du ihn bitte, was seine Lieblingsfarbe ist?« Sie lassen mich nicht gehen, bevor ich per Kleiner-Finger-Schwur verspreche zurückzukommen.

Als ich im Flugzeug sitze, denke ich: Es ist fast ein Jahr her, dass ich zuletzt in Deutschland war. Und zwölf Jahre, dass ich Papa zuletzt gesehen habe. Und dann denke ich gar nichts mehr. Das Flugzeug rollt schon an, als ich auf Twitter poste:

@deinTherapeut

Wir fliegen gleich. Der Kopf ist leer, das Herz ballert. Eins steht fest: Diese Reise wird mein Leben verändern.

23. Januar 2018 (18:24 Uhr)

---

24. Januar 2018

Am Nachmittag lande ich in Frankfurt. Mama traut ihren Augen nicht, als ich vor der Tür stehe. Ich habe Steven gebeten, ihr nicht zu sagen, dass ich nach Hause komme, damit ich sie überraschen kann. Als ich sie umarme, fängt sie an zu weinen. Mama führt mich durchs Haus, als wäre ich seit zehn Jahren nicht dort gewesen. »Wir haben die Wand hier abgerissen, damit die Treppe frei steht«, erzählt sie, die Hände in die Hüften gestemmt. »Danach mussten wir neu streichen, weil die Wände pechschwarz waren.« Immer wieder schüttelt sie den

Kopf und sagt: »Norman, ich kann ja gar nicht glauben, dass du hier bist.«

Ich beziehe mein altes Kinderzimmer. Bevor Lisa und ich am Freitag nach Hamburg aufbrechen, werde ich zwei Tage zu Hause verbringen. Die Wände hängen voll mit Fotos aus meiner Studienzeit. Von den meisten Leuten, die darauf abgebildet sind, habe ich nichts gehört, seit ich in den Staaten lebe. Ein Foto betrachte ich genauer: Lisa und ich grinsen in die Kamera. Wir tragen Sonnenbrillen, die Sonne scheint uns ins Gesicht. Das war vorletztes Jahr in Berlin, denke ich. In der Ecke steht meine alte Gitarre. Die habe ich für zwanzig Euro auf einem Flohmarkt erstanden, nachdem Lisa mir ein paar Akkorde gezeigt hat. Ich schlage einen Ton an, es klingt schrecklich. Per App stimme ich die Gitarre. Dann spiele ich den einzigen Song, den ich auswendig kann: »When We First Met« von Hellogoodbye. Ich war schon mal besser.

Ich begebe mich auf die Suche nach der alten Polaroidkamera, die wir einmal hatten. Wenn ich Papa am Samstag treffe, möchte ich ein Foto mit ihm machen, das er direkt behalten kann. Darüber freut er sich bestimmt. Weil Mama auch nicht weiß, wo sie sein könnte, durchwühle ich alle Schränke. Es fühlt sich komisch an, Mamas Schlafzimmer zu betreten. Ich sehe das Bett an und denke: Da saß Papa, als er mich fragte, ob ich ihn noch lieb habe. Und: Hier hat Mama ihren Koffer gepackt, als ihr alles zu viel wurde. Als ich nicht fündig werde, durchsuche ich Papas alte Werkstatt. Der grüne Vliesteppich ist noch derselbe, auch der schwere Geruch nach nassem Holz liegt noch immer in der Luft. Die Regale allerdings, wo früher Papas Platten standen, sind leer. Die Polaroidkamera finde ich nicht. Nur Opas alten Videospieler entdecke ich und eine Kiste voll mit Kassetten.

Am Abend sitze ich mit Mama zusammen. Wir machen einen Sekt auf, um anzustoßen, und wollen Pizza bestellen. Sie fragt, wie das Gespräch mit Papa lief. Ich erzähle, dass er in Ordnung ist, nüchtern war und genau wie früher klang. Details spare ich aus. Keine Ahnung, ob sie darüber reden will oder nur aus Pflichtgefühl fragt.

»Am Freitag fährst du also. Und Lisa kommt sicher mit?« Mama reicht mir die Karte des Lieferdienstes. »Ich nehme die 36 in groß.«

»Ja, ganz sicher.« Ich öffne die Karte und halte Ausschau nach einer Pizza mit möglichst viel Käse. »In groß?«, lache ich. »Dann lässt du wieder die Hälfte übrig!«

Auch Mama lacht. Und dann schweigt sie. Vielleicht stellt sie sich vor, wie es wäre, Papa zu sehen, denke ich. Vielleicht denkt sie darüber nach, was sie ihm sagen würde. »Du hast uns so wehgetan«, will sie vielleicht sagen. Oder: »Wir haben es ohne dich geschafft.«

»Ich habe doch nur Angst, dass du enttäuscht wirst«, sagt sie schließlich.

Ich nicke.

Für ein paar Sekunden ist es still. Dann lacht Mama plötzlich. »Den Rest esse ich morgen!«

Als Mama schlafen geht, kommt Steven aus der Spätschicht. Wir sitzen auf den Keramikstufen vor der Haustür, während er raucht, und schauen in die Nacht.

»Darf ich dich was fragen?«

»Klar.«

Er zieht eine Zigarette aus dem Päckchen und wirft es zurück auf die Stufe. Eine Frau ist darauf abgebildet; sie hustet Blut in ein Taschentuch. »Hast du das damals eigentlich mitgekriegt mit Mama und Papa?«

»Alles«, sage ich.

»Du warst noch so klein.« Dreimal muss Steven das Feuerzeug betätigen, bis es seine Zigarette anzündet. »Ich dachte immer, du kriegst nichts mit.«

»Das Schreien, das Weinen, das Streiten«, zähle ich auf. »Mein Zimmer war direkt neben Mamas und Papas Schlafzimmer. Ich habe alles mitgekriegt.« Mein warmer Atem steigt wie Rauch in die kühle Nachtluft, während ich spreche. »Ich habe geweint, als Papa ausgezogen ist. Nicht, weil ich traurig war. Ich war so verdammt erleichtert.«

»Das verstehe ich.«

»Weißt du«, flüstere ich. »Manchmal habe ich mich allein mit allem gefühlt.« Ich sehe zu Boden. »Du warst echt nie zu Hause, immer unterwegs.«

Steven sieht zur Tür hinauf, den Balkon entlang und dann in den Hof. »Ich musste raus. Dieses Haus hat sich so scheiße eng angefühlt.«

»Ich weiß, was du meinst.«

Wir schweigen. Die Nacht ist völlig still. Ich sehe Steven zu, wie er an seiner Zigarette zieht, den Rauch auspustet und in den Blumenkasten ascht.

»Manchmal frage ich mich, ob alles anders gekommen wäre«, sage ich dann. »Wenn die Firma nicht pleitegegangen und Papa nicht arbeitslos geworden wäre.«

Steven zieht ungläubig die Augenbrauen hoch. »Du glaubst diese Geschichte noch immer?«

»Was meinst du?«

»Norman«, sagt Steven und hält kurz inne, als wisse er nicht, wo er anfangen soll. »Er hat den Job nicht verloren, weil die Firma pleiteging. Die haben ihn entlassen, weil er den Firmenwagen nicht mehr fahren konnte.«

Ich stutze. »Wieso denn nicht?«

»Weil er seinen Führerschein verloren hat.« Er drückt die halb gerauchte Zigarette aus. »Er ist betrunken gefahren, hat zwei parkende Autos gerammt und Fahrerflucht begangen. Irgendwann stand die Polizei vor der Tür.«

»Scheiße«, sage ich und denke: Er hat nicht getrunken, weil er seinen Job verloren hat. Er hat seinen Job verloren, weil er getrunken hat.

Mit dem Feuerzeug klopft Steven einen unruhigen Rhythmus auf seinen Handballen. »War ja nicht die letzte betrunkene Begegnung mit einem Auto.«

»Der Unfall?«

»Ja.«

Ich denke an diese Nacht zurück. Daran, wie Mama am Telefon weinte. Wie das Tor knallte und dann waren da nur noch Opa, ich und die Sirenen. »Wo warst du eigentlich in dieser Nacht?«

»Dort.«

»Du warst dort?«, frage ich ungläubig.

»Ich war mit zwei Freunden unterwegs und wir haben gerade eine geraucht.« Er zündet sich noch eine Zigarette an. »Beim Bäcker vorn, weißt du, um die Ecke von der Kneipe. Wir quatschen und irgendwann hören wir jemanden volltrunken aus der Kneipe stolpern und irgendwas rufen.« Er schüttelt den Kopf, als er an der Zigarette zieht. »Zwei Promille haben die Ärzte später im Krankenhaus festgestellt.«

»Zwei Promille«, wiederhole ich und versuche mich zu erinnern, was ich im Psychologiestudium dazu gelernt habe. Störung von Gleichgewicht und Bewusstsein, Verwirrtheit, kaum noch Reaktionsvermögen.

»Ich gehe also einen Schritt vor, um was sehen zu können, und da torkelt Papa auch schon auf die Straße und von rechts kommt ein Auto.« Kurz hält Steven inne, schließt die Augen. Ich frage mich, ob er im Kopf wieder dort ist. Mit seinen Freunden, vorn beim Bäcker, um die Ecke von der Kneipe. »Es erwischt ihn. Er knallt mit der Schulter auf die Motorhaube, rutscht quer über die Windschutzscheibe und schlägt mit dem Kopf zuerst auf dem Asphalt auf.«

Ich schlucke. »Und du? Was hast du gemacht?«

»Nichts. Ich stand da nur, völlig bewegungslos. Der Typ sprang aus seinem Wagen und rannte in die Kneipe. Im nächsten Moment war Paula da, fluchte, rannte zurück und rief einen Krankenwagen. Und ich hatte mich keinen Millimeter bewegt. Sah nur Papa an, der dort auf der Straße lag in seinem eigenen Blut. Und da dachte ich …«

Steven hört auf zu sprechen. Noch einmal zieht er an seiner Zigarette.

»Was dachtest du?«

Den Rauch bläst er in die kalte Winternacht. »Ich dachte: Wenn er jetzt tot ist, hört alles endlich auf. Das Streiten und dass Mama ständig weint.«

Wir schweigen in die Nacht.

»Sei mir nicht böse«, sagt Steven irgendwann. »Aber ich kann das einfach nicht. Nicht nach allem, was passiert ist.« Auch die zweite Zigarette drückt er halbfertig im Blumenkübel aus. Dann steht er auf. »Da ist zu viel Wut.«

Ich nicke.

»So viel Wut.«

5

Verzeihen

25. Januar 2018

Ich lege eine Kassette, die mit »Geburtstag 1998« beschriftet ist, in Opas alten Videospieler ein. Alle Geburtstage, jedes Weihnachts- und Osterfest, alle Familientreffen hat Opa aufgezeichnet. Er war verrückt nach seiner Kamera. Es klickt, nicht zurückgespult. Ich drücke »Rewind« und warte. Die erste Szene zeigt ein Papierschild, auf dem in Schönschrift »Normens fünfter Geburtstag« steht. Schilder wie diese hat Opa für jedes Familienfest gebastelt und als stille Einleitung seiner Videos abgefilmt. Meinen Namen jedoch hat er grundsätzlich falsch geschrieben. Die Szene wechselt auf den Hof: Mein Cousin Patrick und ich bekämpfen uns mit Luftballons, Mama und ihre Schwestern sitzen in weißen Plastikstühlen und trinken Kaffee, Onkel Wolfgang und Papa stehen am Grill. Es dampft, als Papa ein Steak drauflegt. Er hat ein Lächeln auf den Wangen und kurz denke ich: Wie konnte alles so schlimm werden, wenn alles mal so gut war?

Opa ist nicht im Bild. Hinter der Kamera fühlt er sich wohl, gibt den Erzähler, kommentiert das Geschehen. Die Aufnahme unterbricht. Opa geht durch den Garten und filmt die Blumen. Das hat er immer gemacht, wenn viel los war. Irgendwann ist er in den Garten geflohen, um mit den Blumen ein bisschen allein zu sein. Ich bin genauso, geht mir durch den Kopf. Opa dreht die Kamera in seine Richtung: »Schnitt«, lacht er. Dann endet das Video.

Am Nachmittag lädt Mama die komplette Verwandtschaft zu Kaffee und Kuchen ein. Es ist schön, alle wiederzusehen. Tante Ilona begrüßt mich mit dem Ausruf »Unser Amerikaner ist wieder da!« und steckt mir zwei Umschläge zu, weil ich Ostern und Weihnachten verpasst habe. Tante Heidi bringt ihren berühmten »Goldtröpfchen«-Käsekuchen mit, den sie schon macht, seit ich denken kann. Ich erzähle von den USA, Mama gibt den neuesten Dorftratsch zum Besten, ihr Freund erzählt einen schmutzigen Witz und Onkel Wolfgang grunzt, als er darüber lacht. Ich denke: Alles beim Alten.

Aber das stimmt nicht, eine Sache hat sich verändert: Wir reden über Papa. Tante Ilona fragt, wie mein Plan für Samstag aussieht. Woher ich weiß, wo er zu finden ist, wenn er keinen festen Wohnsitz hat. Ich erzähle von der Sparkasse, in der das Suchfoto entstanden ist, von der Total-Tankstelle, in der die Kassiererin ihm manchmal einen Kaffee spendiert. Vom Park, wo er oft sitzt und mit den Passanten quatscht. Und von Rolf, der ihn einsammeln will, bevor wir uns treffen.

Wir reden über die Zeitungsartikel. Ich erzähle, dass ich erst heute Morgen eine Anfrage von RTL bekommen habe. Der Redakteur habe gelesen, dass ich vorhabe, meinen Vater am Wochenende zu treffen. Ob ich nicht Lust hätte, mich dabei von einem Kcamerateam begleiten zu lassen. »Was hast du dazu gesagt?«, fragt Tante Ilona. »Dass ich meinen obdachlosen Vater nicht für ein paar Einschaltquoten am frühen Samstagabend verwursten werde«, antworte ich.

Weil Tante Heidi das Foto von Papa sehen möchte, halte ich es in die Runde. Alle machen betrübte Gesichter und ich frage mich, ob sie auch gerade an die Familienfeiern zurückdenken, die wir zusammen hatten. Daran, wie Papa und Onkel Wolfgang am Grill standen, während Mama und ihre Schwestern in weißen Plastikstühlen saßen, ich meinen Cousin mit Luftballons bekämpfte und Opa alles filmte.

Als die Dämmerung anbricht, gehe ich zum Friedhof. Das Gitter am Eingang quietscht, wenn man es öffnet, genau wie früher. Es hängt ein Schild daran: »Keine Hunde«. Kurz denke ich: Das ist so gemein für Leute, die sterben und einen Hund hatten, und der kann sie dann nie besuchen.

Ich mag Friedhöfe nicht. Nicht, weil ich sie gruselig finde, sondern weil es mich traurig macht, all die vergessenen Gräber zu sehen. Stell dir vor, du stirbst und erwartest Blumen auf deinem Grab, doch dann wuchert nur Unkraut, weil sich niemand darum schert. Nach links und den Gang entlang liegt Opas Grab. Es ist gepflegt. Ein paar Azaleen stehen im Halbkreis um eine Kerze. Daneben sitzt ein Engel, der spitzbübisch guckt. Mama und ihre Schwestern kommen alle paar Wochen her, um neue Blumen zu pflanzen. Mama gießt alle drei Tage. Sie ist sowieso regelmäßig hier, weil sie nach wie vor die Friedhofstoiletten und die Aussegnungshalle putzt.

»Wie schön, dass sie jetzt wieder beisammen sind«, sagt Mama manchmal, wenn wir Opas Grab besuchen. Sie meint damit ihre Mutter, meine Oma, die auch dort liegt, sehr lange schon. Sie starb an Krebs, als Mama noch ein Kind war. Ich stelle mir vor, wie es für Mama gewesen sein muss, als sie vor drei Jahren selbst Krebs bekam und wusste: Meine Mutter ist daran gestorben. Zum Glück wurde der Tumor in ihrer Brust frühzeitig entdeckt und konnte vollständig entfernt werden. Noch einen Elternteil zu verlieren, war wirklich das Letzte, was ich gebrauchen konnte.

Ich betrachte den Grabstein: »† 20.10.2012«. Fünf Jahre ist das schon her. »Opi«, sage ich. »Tut mir leid, dass ich so lange nicht hier war.« Ich setze mich auf die Steinplatten neben dem Grab und streiche die Erde glatt. »Ich lebe gerade in den USA, weißt du.«

Ich denke an seine Beerdigung. Ich denke an das Grab, wie der Sarg hinuntergelassen wurde, und ich in dem Moment dachte: Opa liegt da drin. Ich denke daran, wie auf der Trauerfeier »Kinder von der Eger« lief und ich mir vorstellte, wie Opa das Gesicht verziehen würde, wenn er das hören könnte, weil er so weinen müsste. Und ich denke daran, wie der Pfarrer seine Rede hielt und ich wütend wurde, weil er sagte: »Er war fast 82 Jahre alt.« Dabei war er längst 82 Jahre alt. Und dann erzählte er Geschichten aus der Bibel, aber er erzählte nichts über Opas Heimat, die er so geliebt hat, seinen Garten, all die Blumen darin, seine Videokamera oder seine Enkel. Von den Ausflügen zum Spielplatz oder den heißen Nachmittagen im Sommer, als wir drinnen im Kühlen Karten gespielt haben. Er erzählte nicht mal, wie lieb Opa uns gehabt hat und wir ihn. An all das denke ich. Und dann fange ich an zu weinen.

Ich glaube, der Schmerz vergeht nie ganz. Wir können nur irgendwann besser damit umgehen. Und manchmal kommt er zurück und fühlt sich an wie am ersten Tag. »Weißt du«, flüstere ich und kann die Tränen einfach nicht stoppen. »Manchmal vermisse ich dich so sehr, dass es mich fast zerreißt.«

Ich wische mir die Augen mit dem Ärmel meiner Jacke trocken. »Ich muss dir etwas gestehen«, sage ich dann. »Ich habe Papa gefunden. Er lebt.« Ich mache eine Pause, weil er sich bestimmt hätte setzen wollen, wenn er noch am Leben wäre. »Er ist obdachlos und lebt in Hamburg.« Ich stutze kurz. »Wenn man das Leben nennen kann.«

»Einen ›Nichtsnutz‹ würdest du ihn jetzt nennen. Und mir dann zum Trost mit deinen großen Händen über den Rücken streichen, wie du es früher immer gemacht hast.« Mir fällt auf, dass die Azaleen ein bisschen trocken aussehen. »Ich weiß, du hast nie viel von ihm gehalten. Oft geschimpft, wenn er etwas falsch gemacht hat. Und Papa hat einiges falsch gemacht, keine Frage. Aber, weißt du …«

Ich laufe zu den Gießkannen hinüber und fülle eine davon auf. An der Wassertonne hängt ein grüner Messbehälter. Zwei Fingerbreit hat es gestern geregnet.

»Aber, weißt du«, sage ich, als ich wieder am Grab stehe und die Gießkanne vorsichtig über den Blumen ausleere. »Das hier. Dass er arbeitslos wurde, die Scheidung, der Unterhalt, den er nicht bezahlen konnte. Dass er weggegangen ist und jetzt auf der Straße lebt. Ich glaube, das ist nicht seine Schuld.« Ich hänge die leere Gießkanne zurück an ihren Platz und setze mich wieder neben das Grab. »Er ist krank, weißt du. Er hat eine Suchterkrankung, schon sehr lange.« Mit dem Zeigefinger zeichne ich ein krummes Herz in die nasse Erde. »Und nur die ist schuld.«

Ich denke an all die Interviews, die ich in den letzten Wochen gegeben habe. Immer wieder wurde ich gefragt, ob ich Papa das, was passiert ist, verzeihen kann. »Er ist krank geworden, was muss ich da verzeihen?«, frage ich laut. »Es gibt nichts zu verzeihen.«

Während die Sonne fast vollständig hinterm Horizont verschwindet, wird der Friedhof von Dutzenden kleinen Grabkerzen beleuchtet. »Es ist okay, wenn du das nicht verstehst. Wenn Mama und Steven das nicht verstehen.« Ich muss daran denken, wie Opa im Sterben liegt und ich Stunde um Stunde seine Hand halte. »Ich habe zwei Väter verloren«, sage ich. »Jetzt habe ich die Chance, einen davon wiederzubekommen. Und deshalb fahre ich morgen nach Hamburg.«

Ich stehe auf, klopfe die Erde von meiner Hose und wische mir eine letzte Träne aus dem Augenwinkel. »Ich hab dich so lieb, Opi.« Und als ich mich umdrehe, um zu gehen, ist es fast so, als spüre ich seine großen Hände behutsam über meinen Rücken streichen.

6

Natürlich, du Idiot

26. Januar 2018

Ich sitze auf dem Boden meines alten Kinderzimmers und denke an früher. Die grauen Wände waren grellgelb damals, weil Mama mal gelesen hatte, dass das die Denkfähigkeit fördert. Mein Schreibtisch stand dort drüben, wo jetzt das Regal hängt, und überall saßen Stofftiere. In meiner Erinnerung, denke ich, sah alles viel größer aus.

Um halb eins klingelt mein Handy: »Rolf Hamburg«, steht auf dem Display. Ich gehe ran: »Rolf?«

»Norman, schlechte Nachrichten.«

Sofort schlägt mein Herz schneller, meine Muskeln spannen sich an, mein Atem geht flach. Nicht Papa, schießt es mir durch den Kopf, bitte nicht Papa.

»Ich wollte gerade deinen Papa besuchen, um ihn an unser Treffen morgen zu erinnern. Als ich zur Sparkasse kam, stand aber der Notarzt davor.«

Mir wird heiß, während Rolf spricht, ich schwitze.

»Ich habe die Sanitäter gefragt, was los ist. Dein Vater sei zusammengebrochen.« Er seufzt, so als wolle er sagen: Tut mir leid. »Sie haben ihn dann auf einer Liege in den Krankenwagen getragen. In welches Krankenhaus sie ihn bringen, das wollten sie mir nicht sagen.«

»War er ansprechbar?«, stottere ich ratlos. »Haben sie dir gar nichts gesagt?«

»Leider nein«, antwortet Rolf. »Aber ich habe eine Vermutung, wohin er gebracht wurde. Letztes Mal war es das Marienkrankenhaus in

Hohenfelde.« Kurz ist es still, dann sagt er: »Weißt du, ich rufe da eben mal an. Vielleicht kann ich etwas herausfinden.«

Er beendet das Gespräch. Sofort rufe ich Lisa an, die aber nicht rangeht, weil sie arbeitet, genau wie Mama. Auch Steven ist unterwegs.

Kurz darauf ruft Rolf zurück. Das Krankenhaus gebe Informationen nur an Angehörige. Er gibt mir die Nummer der Klinik durch und sagt: »Viel Erfolg.«

Ich kann gar nichts denken außer: Wenn du das auf Twitter schreibst, geht's dir besser. Also öffne ich die Twitter-App und poste, dass Papa zusammengebrochen und vom Notarzt abgeholt worden sei. Dass ich die Nummer des Krankenhauses habe, in dem er wahrscheinlich liegt, und gleich dort anrufen werde. Zuletzt schreibe ich:

@deinTherapeut
Scheiße, habe richtig Angst.
26. Januar 2018 (13:39 Uhr)

Twitter reagiert prompt: »Ich drücke die Daumen!«, postet eine Userin. Ein anderer schreibt: »Du schaffst das!« Und er hat ja recht. Ich tippe die Rufnummer ein, die Rolf mir durchgegeben hat, überprüfe sie noch einmal und drücke schließlich auf den grünen Hörer.

Es klingelt dreimal, bevor jemand abnimmt. »Marienkrankenhaus Hamburg, guten Tag.«

Ich schlucke den Kloß in meinem Hals runter. »Hallo, mein Name ist Norman Wolf.« Meine Stimme zittert. Wie soll ich das nur erklären? »Mein Papa heißt Klaus, er ist obdachlos und wurde heute Morgen mit einem Rettungswagen abgeholt. Ist er bei Ihnen gelandet?«

Ich stelle mich auf alles ein. Von »Wir haben ihn nicht« bis zu »Leider hat er es nicht geschafft«. Meine Brust fühlt sich eng an, mir wird schwindelig. Ich denke: Was, wenn ich ihn zu spät gefunden habe?

»Sie sind sein Sohn?«

»Ja.«

Dann höre ich Tippgeräusche. »Ja, ein Klaus Wolf war in unserer Notaufnahme. Eine Sekunde …« Wieder das Tippen. »Er ist aber nicht mehr hier.«

Ich halte die Luft an. »Ist er …«

»Nein«, werde ich unterbrochen. »Er hat sich vor wenigen Stunden selbst entlassen.«

Erleichtert atme ich auf. »Was ist denn passiert?«, frage ich.

»Mehr darf ich Ihnen am Telefon leider nicht sagen, Herr Wolf. Dafür müssten Sie in Person hier sein und die entsprechenden Ausweisdokumente vorlegen, um Ihre Verwandtschaft zu belegen. Tut mir leid.«

Ich lege auf, informiere zuerst Rolf, dann Twitter. Auch René hat geschrieben. Rolf habe ihm erzählt, was vorgefallen ist, und das tue ihm leid. Falls ich reden wolle, sei er da. Später werde er nachsehen, ob Papa wieder an seinem üblichen Platz ist, und sich dann melden.

Als es an der Tür klingelt, renne ich die Treppe runter, nach draußen und direkt in Lisas Arme. Wenn ich etwas an Deutschland vermisst habe, dann sie.

»Du bist da«, nuschelt sie und sieht mich an. »In Deutschland, meine ich.«

Ich grinse. »Fühlt sich unwirklich an, oder?«

Nachdem ich meinen Koffer ins Auto gepackt habe, umarme ich Mama. Sie sagt: »Pass auf dich auf.« Ich verdrehe die Augen und lache. Sie dreht sich zu Lisa um und sagt: »Du passt auch auf ihn auf.« Und dann lachen wir alle.

Um drei Uhr fahren wir los. Lisa redet über ihr neues Auto und wie gut es sich fährt, während ich im Kopf den Plan für die nächsten Tage durchgehe. Wir sollten gegen neun Uhr in Hamburg ankommen. Die Nacht verbringen wir bei Lisas Schwester, die in Altona wohnt. Morgen Nachmittag fahren wir nach Hamm, um Papa bei Rolf zu treffen. Auch René wird da sein. In Hamburg haben wir zwei Tage. Am Montag müssen wir in Berlin sein, dort wird ein Social-Media-Preis verliehen und ich wurde für den besten Twitter-Account des Jahres nominiert. Am Dienstagmorgen geht mein Flug zurück nach Boston.

Wir hören Die Ärzte und lassen unseren Roadtrip entlang der Ostküste der USA Revue passieren, den wir letztes Jahr im Mai unternommen haben. Der Kerl im New Yorker Central Park, der uns Drogen verkaufen wollte. Der Typ, der in Washington D.C. in der Gruppendusche laut und deutlich masturbierte. Und dass Lisa an einer Tankstelle in North Carolina für eine Prostituierte gehalten wurde. Wir erinnern uns, wie ich über den Freeway fuhr, Lisa sich am Bier verschluckte und ich für eine Sekunde dachte, dass sie erstickt. Wie Lisa in Myrtle Beach völlig betrunken ins Meer rannte und rief: »Ich habe mich noch nie so gut gefühlt.« Und ich für eine Sekunde dachte, dass sie ertrinkt. Wie wir in Miami nackt ins Meer hüpften, die Polizei uns erwischte und ich für eine Sekunde dachte, dass wir erschossen werden.

Wir hören Punk-Versionen von Popsongs. Manchmal reden wir, manchmal schweigen wir. Irgendwann sage ich etwas Belangloses und Lisa antwortet: »Das war das erste Mal seit einer Stunde, dass du etwas gesagt hast.« Wir lachen. Dann fügt sie hinzu: »Und weißt du was? Das ist völlig okay. Mit dir ist Schweigen völlig okay.«

Ich merke: Lisa tut mir gut. Ich komme etwas runter, kann ein Stück weit vergessen, dass Papa noch heute Morgen im Krankenhaus war. Als wir fast da sind, meldet sich René: Entwarnung, Papa sei wieder in Hamm. »Viel Kraft«, schickt er noch. »Alles wird gut.«

Wir kommen in Hamburg an und Lisas Schwester, die ich zum ersten Mal sehe, umarmt mich herzlich: »Ich habe so viel von dir gehört!« Ich lerne ihren Mann kennen und ihre Tochter. Sie ist erst sieben Monate alt. Dass wir gemeinsam zu Abend essen, lenkt mich ab. Wir reden über Lisas Job, das Baby und dass es schon fleißig krabbelt. Ich bedanke mich für die Übernachtungsmöglichkeit. »Was habt ihr denn in Hamburg vor?«, fragt Lisas Schwester irgendwann. Also erkläre ich ihr im Schnelldurchlauf, was passiert ist. Als ich fertig bin, steht sie auf und sagt: »Ich hole euch noch etwas Wein.« Wir müssen lachen.

Nach dem Essen geht die Familie zu Bett. Weil Lisa und ich zu nervös sind, um schon zu schlafen, beschließen wir, noch zur Tankstelle zu laufen und Bier zu holen, um den Abend zu überbrücken.

»Ich weiß, ich soll meine Erwartungen niedrig halten. Aber wie soll das noch gehen?«, sage ich, als wir auf die Hauptstraße biegen. »Er ist am Leben, ich habe ihn gefunden, mit ihm gesprochen. Ich bin nach Deutschland geflogen, nur um ihn zu sehen. Wie zum Teufel soll ich jetzt noch meine Erwartungen niedrig halten?«

Lisas Kapuze raschelt, als sie den Kopf schüttelt. »Das musst du auch nicht.« Es regnet nicht, doch der Wind ist kalt. »Du darfst hohe Erwartungen haben. Und du darfst enttäuscht sein, falls alles schiefgeht.«

Wir erreichen die Tankstelle, kaufen ein Sixpack Bier und eine bereits gekühlte Flasche Wein für den dreifachen Supermarktpreis. Kaum sind wir aus der Tür, drückt Lisa mir die erste Dose in die Hand.

Ich sehe zu Boden, versuche nicht auf die Rillen zwischen den Gehwegplatten zu treten. »Weißt du, was ich im Studium gelernt habe?«

»Hm?«, fragt sie.

»Wenn ein Elternteil alkoholabhängig ist, hast du eine Ein-Drittel-Chance, selbst süchtig zu werden.« Ich nehme einen Schluck Bier.

»Und der Rest?«

»Ein Drittel bleibt gesund. Das letzte entwickelt andere psychische Störungen. Ist ein bisschen wie russisches Roulette, nur mit mehr Kugeln.«

Manchmal frage ich mich, welche Kugel ich abkriegen werde. Ich gehe die Risikofaktoren im Kopf durch: Die Kinder abhängiger Eltern »lernen« den Alkoholkonsum am Modell, haben oft leichten Zugang zu Alkohol und fangen daher früher mit dem Trinken an. Auf mich trifft das aber nicht zu, weil Papa meist in der Kneipe getrunken hat. Wächst man mit einem suchtkranken Elternteil auf, fehlt oft familiärer Rückhalt, während die psychische Belastung immens ist. Ich muss an all die Streitereien denken. Mir schießt durch den Kopf, wie ich Papa nachts die Treppe hochhelfen musste. Er bat mich damals, Mama nichts zu verraten. Auch Mama hat nie über das Trinken gesprochen, sondern immer nur geweint. Risikofaktor: gestörte Kommunikation in der Familie. Was sich dagegen schützend auswirkt, sind stabile Beziehungen zu anderen Bezugspersonen. Freunde hatte ich damals zwar keine und mein Bruder war nie zu Hause, doch ich hatte Opa und das hat geholfen.

Ich wüsste gern, wieso Papa mit dem Trinken angefangen hat. Ob es daran liegt, wie er groß geworden ist, kann ich nicht sagen, ich kenne seine Familie ja kaum. Doch ich kenne Papa. Ich weiß, wie impulsiv er ist, dass er vorschnell Entscheidungen trifft, leichtfertig Risiken auf sich nimmt: die Jacke auf der Autobahn, die ganze Losbox. Das alles sind Faktoren, die ein Suchtproblem begünstigen.

»Irgendwie ergibt es Sinn«, sage ich.

Lisa nickt.

Wir reden über damals, als wir neunzehn waren, zusammenwohnten und gemeinsam durch dick und dünn gingen. Über die Männer, in die sich Lisa verliebt hat, über meinen ersten Freund und wie er mir das Herz brach.

»Ich habe dieses Album von The Summer Set rauf und runter ge-hört.« Ich fange an zu singen: »We spent the day in bed, not thinking 'bout the future. We were so in love, we didn't even care.« Dann sehe ich Lisa an und drücke ihr das unsichtbare Mikrofon in die Hand.

»Ich kann jeden Song auswendig«, sagt sie augenrollend und nimmt das Mikro entgegen. »And I still can't forget the way you danced around my kitchen.«

Die letzte Zeile singen wir zusammen: »With a box of wine, in your underwear.« Und dann lachen wir.

»Weißt du noch, als er Schluss gemacht hat?«

»Klar.«

Ich versuche, mich an seine genauen Worte zu erinnern, doch es ist zu lange her. »Ich habe Rotz und Wasser geheult, als ich dich angeru-fen habe. Und damit ich nicht mit dem Gedanken an ihn einschlafen muss, hast du so lange mit mir telefoniert, bis ich eingenickt bin.«

Sie nickt. Als wäre das selbstverständlich gewesen.

»Weißt du, wenn ich den Song heute höre, denke ich an uns und nicht mehr an ihn. Und das ist irgendwie schön.« Ich fange an zu la-chen: »Ich war ein Häufchen Elend, wie hast du mich nur ausgehalten?«

Lisa nimmt einen großen Schluck, stellt die leere Dose neben einen Mülleimer und zieht eine volle aus der Tankstellentüte. »Ich denke mir oft: Wir haben zwei Jahre zusammengewohnt und …«

»Das war nur ein Jahr«, korrigiere ich sie.

»Wirklich? Kam mir irgendwie viel länger vor.« Sie schüttelt den Kopf. »Jedenfalls: Wir haben uns nie gestritten. Ich finde das krass.«

Ich hebe meine Dose an. »Können wir anstoßen?«

»Auf was?«

»Auf unsere Freundschaft«, schlage ich vor. Verrückt, dass wir hier sind, in Hamburg, und morgen meinen Papa treffen. Dass ich eine Freundin habe, die mich dabei nicht alleinlässt. »Auf unseren Mut. Und auf neue Chancen.«

Auch Lisa hebt ihre Dose an. »Das klingt viel zu dramatisch, um mit Tankstellenbier darauf anzustoßen.« Wir lachen. Und stoßen trotzdem an.

Es ist schon spät, als wir auf Zehenspitzen zurück in die Wohnung schleichen. Nachdem wir das Gästezimmer bezogen haben, machen wir den Wein auf und gehen den Plan für morgen durch. Wir stellen fest, dass wir echt Schiss haben, trinken zu viel und ich denke: Vielleicht hat auch Papa zu viel getrunken, weil er Schiss hatte. Davor, seine Arbeit zu verlieren oder seine Familie. Irgendwann ist die Flasche leer, wir liegen rücklings auf dem Bett und schweigen.

»Bist du da, falls morgen irgendwas schiefgeht?«, frage ich Lisa.

»Natürlich, du Idiot.«

Ich lache.

»So eine dämliche Frage.« Dann lacht auch Lisa. Wir liegen da, starren an die Decke und lachen uns kaputt. »Warum stellst du so dämliche Fragen?«

7

Du bist nicht mein Sohn

27. Januar 2018

Ich schlafe schlecht und wenig in dieser Nacht. Nachmittags um zwei sind wir mit Rolf verabredet und die Zeit vergeht quälend langsam. Wir brunchen mit Lisas Schwester, während ihr Mann beim Sport ist, spielen mit dem Baby. Je später es wird, desto weniger kann ich denken. Ich checke Twitter, poste: »Ich weiß gar nichts mehr«. Kaum habe ich den Tweet abgeschickt, geht's mir besser.

Eine Stunde vor dem Treffen sitze ich auf dem Bett im Gästezimmer. Ich scrolle durch meine Timeline und lese Tweets, die ich vor zehn Minuten schon gelesen habe. Dann vibriert mein Handy: eine SMS von Rolf.

»Das klappt heute nicht«, schreibt er. »Dein Vater liegt betrunken vorm Penny und weiß gar nicht mehr, dass wir uns treffen wollten.«

Mein Kopf ist leer, ich fühle nichts. Ich gehe ins Esszimmer, wo Lisa mit ihrer Schwester und ihrer Nichte sitzt, und drücke ihr wortlos das Handy in die Hand.

»Nein«, sagt sie streng, als sie vom Display aufsieht. »Nein, du lässt jetzt nicht den Kopf hängen.«

»Ich habe gedacht, ich sehe heute meinen Papa«, flüstere ich. »Das habe ich wirklich gedacht.«

»Und das wirst du!« Lisa steht auf, nimmt mich bei der Hand und zieht mich ins Gästezimmer. Hinter uns schließt sie die Tür. »Wir beide werden das! Ist mir egal, wie betrunken er ist. Und Rolf ist mir auch egal, den brauchen wir nicht. Dein Papa kann nicht zum Treffpunkt kommen? Na schön, dann fahren wir eben zu deinem Papa.«

»Er weiß nicht mal mehr, dass wir uns treffen wollten.« Die Hoffnungen der letzten Tage und Wochen lösen sich vor meinem inneren Auge in nichts auf. Ich denke an Mamas Worte: Ich habe doch nur Angst, dass du enttäuscht wirst.

Lisa legt ihre Arme auf meine Schultern und sieht mir in die Augen. »Wir sind so weit gekommen, Norman. Wir versuchen das jetzt, wir fahren dahin.«

Ich nicke.

Dann lässt sie von mir ab. »Frag René nach der Adresse, ich setze Kaffee auf.«

Als ich mein Handy checke, hat René bereits geschrieben: »Rolf sagt, er könne deinen Papa nicht mitnehmen. Ihr fahrt sicher trotzdem hin, um ihn zu sehen? Wenn es euch hilft, können wir uns da treffen.«

Ich schreibe ihm, dass wir gegen drei dort sind. Dass wir Papa zwei Stunden geben wollen, um seinen Rausch auszuschlafen. Und dass es gut wäre, wenn er auch da wäre.

»Ich werde da sein, versprochen!«, antwortet er. Dann schickt er mir die Adresse. »Wir kriegen das hin, Ehrenwort. Du wirst deinen Papa sehen.«

Auf der Fahrt zum Treffpunkt stehe ich völlig neben mir. Die Innenstadt Hamburgs zieht vorbei, während ich unbewegt aus dem Fenster starre. Die letzte Stunde saßen wir herum, tranken Kaffee und starrten auf die Uhr. Manchmal stand Lisa auf, lief um den Esstisch herum und umarmte mich. Um halb drei zerrte sie mich aus der Wohnung, bevor ich es mir anders überlegen konnte. Wir reden kaum, doch immer, wenn Lisa nicht gerade schalten muss, hält sie meine Hand.

Um 14:46 Uhr öffne ich Twitter und tippe: »Unterwegs. Scheiße, bin total überfordert.« Und Twitter antwortet: »Atmen!«, »Du packst das!«, »Ganz viel Kraft!« Nur Worte von Fremden, denke ich, doch sie helfen, stärken mich, machen mir Mut.

Als das Navi piept, sehe ich von meinem Handy auf. Wir stehen vor der Einfahrt des Supermarkts. Hier gibt Papa seine Pfandflaschen ab, kauft Bier und trinkt es vor dem Laden. Hier soll er gerade betrunken liegen. Als wir auf den Parkplatz fahren, sehen wir eine Tankstelle. Hier arbeitet die Kassiererin, denke ich, die ihm in der Frühschicht manchmal einen Kaffee spendiert. Die Umgebung erschließt sich mir wie ein Puzzle. All die Geschichten über Papa, die ich in den letzten Wochen gehört habe, fanden hier statt. Hier kommen sie zusammen, ergeben ein Bild: Papas Leben. Über der Tankstelle arbeitet Jarek, der in seinen Mittagspausen mit Papa quatscht. Dem Papa von seinem Glasauge erzählt hat und davon, dass er lange Dachdecker war.

Wir halten an, steigen aus. Die kühle Januarluft weht mir um die Nase. Mein erster Blick geht zu Lisa, die gerade die Autotür zuschlägt. Dann sehe ich zum Supermarkteingang, wo Papa liegen soll – nichts.

»Weißt du ungefähr, wie René aussieht?« Lisa steht jetzt neben mir, hat eine Hand auf meiner Schulter.

»Er ist groß, dünn, hat er gesagt.« Ich sehe mich um. »Und er trägt eine altmodische Sherlock-Mütze.«

»Dann habe ich ihn«, sagt Lisa.

Und im nächsten Moment kommt er auf uns zu. Er schüttelt Lisa die Hand, umarmt mich. »Du musst ganz schön durch den Wind sein«, sagt er. Dann sieht er zum Eingang. »Sieht aus, als sei Klaus nicht mehr hier.«

René schlägt vor, die Orte abzulaufen, an denen Papa sich oft aufhält. Als wir über den Parkplatz in Richtung Straße gehen, beginnt er zu erklären. »Das da ist die Klagemauer.« Er deutet nach rechts. Da treffen sich häufig Obdachlose, um zu trinken. Auch dein Papa steht da oft.« Er deutet nach links auf die Total-Tankstelle. »Hier holt er manchmal Kaffee.« Als wir die Straße erreichen, gehen wir nach

rechts. »Und das hier ist die Sparkasse, in der das Foto entstanden ist.«
Vor der Sparkasse bleiben wir stehen. Drei Obdachlose sitzen davor,
doch Papa ist nicht unter ihnen.

»Ist er da drin?«, frage ich.

»Mal sehen«, sagt René und geht auf die Männer zu, die vor der
Filiale sitzen. Ich kann nicht verstehen, was er sagt, doch er deutet in
die Schalterhalle und die Obdachlosen nicken. Einer sagt etwas, dann
kommt er zurück.

»Dein Papa ist da drin und schläft.«

Ich sehe zuerst René an, dann Lisa, die mich versöhnlich anlächelt.
Der Moment ist gekommen, denke ich. Papa ist da drin. »Okay«, sage
ich und sehe auf meine Hände. Sie zittern. »Okay, ich wecke ihn auf.«

»Du schaffst das«, lächelt Lisa. »Das weiß ich.«

Mein Herz pocht, ich spüre es im ganzen Körper, als ich an den
Obdachlosen vorbeigehe und die Bank betrete. Alles fühlt sich wie
in Zeitlupe an. Ich sehe mich um, kann aber niemanden entdecken.
Erst als ich am Bankautomaten vorbei um die Ecke gehe, sehe ich
ihn dort liegen: auf dem Boden, zusammengekauert. Er ist in eine
dicke schwarze Jacke gewickelt, die vom Fußboden ganz staubig ist.
Die graublau gemusterte Strickmütze hat er tief ins Gesicht gezogen.
Er trägt einen langen grauen Bart, hinter dem sein Mund völlig verschwindet. Zwischen dem Schal, der seinen Hals bedeckt, und dem
Saum seines Pullovers liegt ein Stück Haut frei, auf dem kleine Fliegen kriechen. Ich denke an das Polaroid, das ihn als Bodybuilder auf
einem Siegertreppchen zeigt. Ich denke daran, wie er die Ziegel zu
seinem Kollegen aufs Dach wirft, als wären sie aus Pappe. Ich denke
an unseren Angelausflug und höre ihn sagen: »Ich will, dass du es mal
besser hast als dein Papa, hörst du?« Ich denke: Was ist nur passiert?

Ich gehe in die Knie und rüttle an ihm. »Papa?« Es kommt mir seltsam, fast unwirklich vor, laut »Papa« zu sagen. In meinem Kopf war er
so lange tot. Er bewegt sich nicht. Diesmal rüttle ich stärker: »Papa.«

Er öffnet die Augen, sieht sich verschlafen um. Dann richtet er sich auf, zieht eine Flasche Bier aus der Jackentasche und nimmt einen Schluck. Er versucht aufzustehen. Stützt sich mit dem rechten Arm ab, während er den linken angewinkelt am Körper behält.

Ich reiche ihm meine Hand. »Brauchst du Hilfe?«

Wortlos ergreift er sie und zieht sich an ihr hoch.

Erst als er steht, fällt mir auf, wie klein er ist. Als ich ihn mit zwölf das letzte Mal gesehen habe, war er einen ganzen Kopf größer als ich. Jetzt bin ich einen ganzen Kopf größer als er.

Er zieht sich die Mütze aus dem Gesicht, dann schaut er mich an. Seine Haut wirkt aufgedunsen und glatt wie Leder. Er hat eine dicke Nase, riesige Tränensäcke und irgendwo dahinter die gleichen freundlichen Augen wie früher. Er sieht nicht aus wie auf dem Foto, das ich auf Twitter geteilt habe. Irgendwie älter, irgendwie verlebt.

»Hallo«, sage ich.

Er beäugt mich kritisch und ich denke: Jetzt fällt er mir gleich in die Arme und weint. Stattdessen nickt er nur und sagt: »Danke fürs Hochhelfen.«

Ich bin verunsichert. Freut er sich denn überhaupt nicht, mich zu sehen? Ich sage: »Meine beste Freundin Lisa und René warten draußen.« Weil ich wirklich keine Ahnung habe, was ich sonst sagen soll.

Ich gehe in Richtung Tür, er nickt und kommt mir nach. Als ich rauskomme, sehen René und Lisa mich hoffnungsvoll an. Ich sehe verunsichert zurück. Kurz halte ich die Tür auf, bis auch Papa aus der Bank kommt.

»Klaus!« René nickt ihm zu. »Schön, dich zu sehen.«

»Ich bin Lisa.« Sie hält ihm die Hand hin, die Papa zögerlich schüttelt. »Normans beste Freundin.«

Plötzlich stoppt er die Bewegung, zieht eine Augenbraue hoch. »Norman? Mein Norman?«

Erst in diesem Moment verstehe ich, was passiert ist: Papa hat mich überhaupt nicht erkannt. Klar, denke ich, zum letzten Mal hat er mich gesehen, da war ich noch nicht einmal in der Pubertät. Jetzt bin ich erwachsen. Wie soll er mich auch wiedererkennen?

Lisa zeigt auf mich. »Er steht direkt vor dir.«

Papa sieht mich an. Und sagt nichts.

»Papa«, sage ich also, gehe auf ihn zu und umarme ihn einfach. Er riecht nach Schweiß, nach Erde und ein bisschen nach Papa, den ich so lange nicht gesehen habe.

Kurz passiert nichts, dann drückt er mich fest. Er nuschelt in meinen Mantel: »Das glaube ich nicht.«

Wir beschließen, uns in ein Café zu setzen, damit wir uns in Ruhe unterhalten können. René weist den Weg. Papa geht schwerfällig, langsam, hält sich die Hüfte. Fast sieht er aus, als trage er etwas Schweres auf den Schultern. Sorgen vielleicht, Sehnsüchte, ein ganzes Leben.

»Du bist nicht mein Sohn«, behauptet Papa, als wir die Hauptstraße überquert haben und eine U-Bahn-Station passieren. »Das kann einfach nicht sein.«

»Doch«, lache ich. »Bin ich.«

Er sieht mich skeptisch an. »Dann sag mir doch mal, wie deine Mutter heißt.«

»Anna«, sage ich sofort.

»Wie ist dein zweiter Vorname?«

»René.«

»Mit wem ist dein Onkel Wolfgang verheiratet?«

»Tante Ilona.« Wieder lache ich. »Bist du jetzt fertig?«

Er schüttelt den Kopf. »Zeig mir deinen Ausweis.«

Ich ziehe mein Portemonnaie aus der Hosentasche und halte Papa meinen Personalausweis unter die Nase. »Norman René Wolf«, sage ich und unterstreiche die Zeile mit dem Daumen.

»Den hast du geklaut«, sagt er und lacht. »Ich glaube dir kein Wort.« Er dreht sich zu Lisa und sagt: »Da kommt dieser Kerl nach Hamburg und meint, mir vorgaukeln zu können, dass er mein Sohn ist.«

»Klaus«, lacht Lisa. »Schluss jetzt!«

»Okay, na gut«, gehe ich dazwischen. »Hier eine Sache, die nur dein Sohn wissen kann. Bereit?«

Papa nickt.

»Früher, wenn wir einkaufen waren und du Hunger hattest, hast du dir eine Wurst aus der Kühltheke geschnappt, sie schon im Supermarkt aufgerissen, gegessen und die leere Verpackung aufs Kassenband gelegt.« Ich grinse triumphierend. »Tja, jetzt habe ich dich!«

Er sieht mich ungläubig an und lacht. »Da muss ich erst nach Hamburg kommen, um meinen Sohn zu treffen.«

»Was?« Und dann lachen wir beide. »Ich bin hier derjenige, der nach Hamburg gekommen ist!«

Als wir das Café erreichen, protestiert Papa. Drinnen könne er nicht sitzen, da fange er sofort an zu schwitzen. Sein Körper sei an die Kälte gewöhnt, an das Leben draußen. Wir setzen uns also an einen Tisch im Außenbereich, obwohl es gerade mal zehn Grad hat. Ich setze mich Papa gegenüber, Lisa sitzt neben mir, René nimmt neben Papa Platz. Ich sehe mich um. Das Café liegt direkt am Hammer Park. Der Park, denke ich, in dem Papa manchmal auf die junge Mutter mit ihrer zweijährigen Tochter trifft.

Kaum sitzt Lisa, bietet sie an, ein paar belegte Brötchen aus dem Café zu holen. Papa grummelt prompt, dass das nicht nötig sei und er sowieso keinen Hunger habe. Doch Lisa lässt nicht locker, bevor er sich zumindest auf einen großen Kaffee eingelassen hat. Wenn sie das nächste Mal in Hamburg ist, könne er ja sie einladen.

»Na, Klaus«, sagt René, als Lisa schon das Café betritt. »Du hast ja ein paar aufregende Tage hinter dir. Warst du nicht gestern noch im Krankenhaus?«

Das Marienkrankenhaus, schießt mir durch den Kopf. Er war nur ein paar Stunden in der Notaufnahme, bevor er sich selbst entlassen hat. »Was war denn los?«

Papa winkt ab. »Ach, ich bin hingefallen und jetzt tut mir die verdammte Hüfte weh.« Ein bisschen rutscht er auf der Bank hin und her, dann verzieht er das Gesicht.

»Und dein Arm?«, frage ich.

»Der ist dick.« Er hält den linken Arm noch immer angewinkelt. »Da bin ich vor drei, vier Wochen draufgefallen und das wird einfach nicht besser.«

»Der muss bestimmt geschient werden«, seufzt René. »Warum bist du denn nicht in der Klinik geblieben? Die hätten dich mal ein wenig aufgepäppelt.«

»Ach, ich kann Krankenhäuser nicht leiden.«

Das konnte er noch nie. Damals nicht, als sein Daumen in die Kreissäge geraten war, und auch nicht nach seinem Unfall. »Mann, Papa«, motze ich.

Er lacht nur und sieht René an. »Oje, jetzt kriege ich Ärger von meinem Sohn.«

Und dann lachen wir alle.

»Heute Morgen hat Rolf nach dir geschaut und da hast du vorm Penny geschlafen«, wirft René ein und ich denke: Zum Glück hat Lisa mich überredet, trotz allem herzukommen. »Hast du Schnaps getrunken?«

»Nein«, streitet Papa ab. »Nein, Schnaps trinke ich nicht, ich trinke nur Bier.«

Dann schweigen wir einen Moment lang. Verrückt, denke ich wieder, völlig verrückt, dass wir hier sitzen.

»Norman«, sagt Papa irgendwann. »Ich lebe schon so lange hier, wie hast du mich denn gefunden?«

»Über das Internet.«

Papa ist verdutzt. »Ich habe doch gar kein Internet.«

Ich lache, denke an die Hasskommentare zurück. Dass ich übergriffig sei, hatte man mir geschrieben, dass ich meinem Vater einen Twitter-Mob auf den Hals jage. Papa weiß ja nicht mal, was Twitter ist.

Lisa kommt zurück und stellt vier Becher vorsichtig auf dem Tisch ab. »Einmal für Klaus.« Sie gibt den ersten Kaffee an Papa, verteilt den Rest und setzt sich.

»Danke, die Dame.« Papa lächelt, während er sich die Hände am Becher wärmt.

Nachdem alle an ihrem Kaffee genippt und gemerkt haben, dass er noch zu heiß ist, sehe ich Papa an. »Was hast du die letzten zwölf Jahre so gemacht?«

»Nachdem ich von zu Hause weg bin?«

Als Papa »zu Hause« sagt, stellen sich die Härchen an meinen Armen, Beinen und in meinem Nacken auf. Nach all den Jahren, die wir getrennt waren, ist mein Zuhause auch immer noch sein Zuhause. »Ja, genau.«

»Ich bin mit dem Fahrrad los«, fängt er an zu erzählen. »Erst den Main entlang, dann entlang des Rheins gen Süden bis in die Schweiz.«

»Mit dem Fahrrad bis in die Schweiz?«, staune ich.

Papa lacht. »Dann zurück durch den Schwarzwald bis nach Freiburg. Ein Jahr lang war ich da, war ganz schön. Irgendwann wollte ich aber was Neues sehen.« Er nippt noch mal an seinem Kaffee. Diesmal kann er davon trinken. »Also bin ich weiter nach Hamburg. Ich weiß schon gar nicht mehr, wann. Vor zehn Jahren vielleicht.«

Auch ich nehme nun einen großen Schluck Kaffee. »Und in Hamburg bist du geblieben. Warum?«

»Weil mir hier das Fahrrad geklaut wurde. Und alle Sachen, die ich hatte.«

»Ernsthaft?«, rufe ich erstaunt. Wie abgebrüht muss jemand sein, um einem Obdachlosen alle Besitztümer zu klauen?

Papa zuckt die Schultern. »Ich habe gar nichts mehr.«

Plötzlich schweigen alle. Ich weiß nicht, was ich sagen soll. Als ein paar Vögel im Park anfangen zu zwitschern, sieht Papa sich nach ihnen um.

»Und du schläfst in der Sparkasse?«, fragt Lisa schließlich.

Papa zeigt in den Park. »Im Sommer schlafe ich auf den Bänken dort. Im Winter oft in der Bank. Manchmal rufen Leute aber die Polizei.«

Ich schüttle den Kopf. »Schmeißen die dich dann raus?«

»Nein, ich muss nur kurz um die Ecke, und sobald die Person weg ist, die das gemeldet hat, darf ich wieder rein. Das sind ja keine Unmenschen.«

Papa spricht weiter über das Leben auf der Straße. Dass er in zehn Jahren nie gebettelt habe, erzählt er stolz. Dass er ganz ohne fremde Hilfe auskomme, weil er Pfandflaschen sammle. Mich wundert das kein bisschen. Papa hatte schon immer seinen Stolz, musste alles allein schaffen. Das scheint sich auf der Straße nicht geändert zu haben.

»Und du lebst in Amerika.«

»Ja, genau.«

»Dass mein Sohn mal in Amerika lebt. Da drehen sie doch die ganzen Filme.« Er lächelt, den Kaffeebecher am Mund. »Und der Steven, was macht der?«

»Der wohnt zu Hause, arbeitet in einer Spielothek.« Für einen kurzen Moment wünsche ich mir, dass Steven hier wäre und Papa selbst davon erzählen könnte. »Der Mama geht's auch gut, die putzt auch immer noch.«

»Zum Glück geht's der Anna gut«, sagt Papa erleichtert und ich sehe ihn schief an. »Ihre Mutter ist doch an Krebs gestorben«, erklärt er. »Da dachte ich, sie würde vielleicht auch irgendwann Krebs bekommen.«

»Hat sie auch«, sage ich und staune ein bisschen, weil er sich daran erinnert. Kurz wünsche ich mir, dass auch Mama hier wäre und gehört hätte, wie Papa sich um sie sorgt. »Brustkrebs, vor drei Jahren. Aber er wurde zum Glück früh erkannt und vollständig entfernt.«

»Das ist gut«, sagt Papa und ich frage mich, wie er wohl an sie zurückdenkt. Sie haben sich 1988 in einer Disco kennengelernt, da waren beide Mitte zwanzig. Am ersten Juni 1990 haben sie geheiratet, als Mama schon im fünften Monat mit Steven schwanger war. Vielleicht erinnert er sich gerade, wie schön und glücklich sie an diesem Tag aussah.

»Ich gehe kurz pinkeln, der Kaffee treibt«, holt René mich aus meinen Gedanken. Lisa beschließt, belegte Brötchen für alle zu holen, und ist weg, bevor Papa protestieren kann.

Ich sehe zu Papa, lächle. Zum ersten Mal sind wir allein. »Ich habe dich vermisst«, gebe ich zu. Als wir uns damals, nachdem er ausgezogen war, im Zug getroffen hatten, hatte ich genau dieselben Worte auf den Lippen, konnte sie aber nicht aussprechen. Ich war noch ein Kind und hatte Angst. Das hier ist meine, nein, unsere zweite Chance.

Er lächelt. »Ich habe dich auch vermisst.«

Es fühlt sich gut an, hier mit Papa zu sitzen. Mit ihm zu reden, wieder »Papa« zu sagen. Es fühlt sich gut an, wieder einen Papa zu haben. Diesen Moment, denke ich dann, möchte ich für immer festhalten. »Können wir ein Selfie machen?«

»Ein was?«

»Ein Foto«, lache ich. Ich setze mich neben ihn und lege einen Arm um seine Schultern. »Bitte lächeln«, sage ich, als ich die Frontkamera öffne. Kurz bevor ich den Auslöser drücke, küsse ich ihn auf die Schläfe.

»Igitt, Küsschen!« Er verzieht das Gesicht und lacht.

Ich sehe mir derweil das Foto an. Papa guckt skeptisch, aber freundlich in die Kamera. Ich habe das Gesicht in seine Mütze vergraben, die Augen geschlossen und lächle. Ich denke: Twitter muss das sehen, unbedingt. Kurz tippe ich, dann klicke ich auf »Senden«:

@deinTherapeut
Papa. <3
27. Januar 2018 (18:30 Uhr)

Als es dunkel wird, bringt eine Kellnerin Kerzen und Decken nach draußen. Sofort lege ich mir eine davon um die Schultern und wickle mich darin ein. Auch Papa legt sich eine Decke über die Beine.

Lisa stichelt prompt: »Ist doch schöner, so ein bisschen warm, oder Klaus?«

»Nicht so frech, junge Dame«, schimpft Papa lachend, guckt sie streng an und fasst sich ans Glasauge. »Wenn ich behaupte, dass ich ein Auge auf jemanden werfe, dann darf man das ruhig wörtlich nehmen!«

Lisa zieht erschrocken die Augenbrauen hoch und Papa bricht in Gelächter aus. Wir fangen an, über seine Kindheit zu sprechen, seine Jugend. Er erzählt davon, wie er Mama kennengelernt und sie geheiratet hat, wie er bei ihr und Opa eingezogen ist. Ich lege mein Handy auf den Tisch, öffne Google Maps und zoome auf das Haus, in dem ich aufgewachsen bin.

»Schau mal«, sage ich zu Papa und deute auf das Display. »Das ist deine Werkstatt.«

Papa macht große Augen. »Das gibt's ja nicht.« Dann deutet er auf das Nachbarhaus. »Das Dach, das habe ich gedeckt.« Mit dem kleinen Finger scrollt er unbeholfen die Straße herunter. Von Zeit zu Zeit hält er an, erkennt seine Arbeit wieder und fängt an zu erklären: Wie groß war das Dach? Welche Ziegel hat er benutzt? Wie lange hat er gebraucht?

Ich höre ihm gebannt zu. Seine Stimme klingt anders, wenn er von damals erzählt: lebhaft, begeistert. Es wirkt fast, als spreche er über das Leben eines anderen, das nicht ihm gehört und nie ihm gehörte.

Er starrt den Bildschirm fasziniert an. »Und das kann man einfach im Internet nachgucken?«

»Jederzeit«, lächle ich.

»Das darf doch nicht Warstein!«, ruft Papa und gibt sich selbst zur Antwort: »Aber Licher doch!«

Lisa schlägt sich die Hand vor die Stirn und lacht. Auch René muss grinsen. Papa sieht zwar anders aus als früher, geht mir durch den Kopf, aber er macht noch genau dieselben schlechten Witze.

Wir reden über Papas Liebe zur Musik, seine Anlage, die vielen Platten. Elvis wolle er mal wieder hören, erzählt er, Michael Jackson und Tina Turner. Also öffnet Lisa YouTube und spielt »Love Me Tender« ab. Als der Refrain beginnt, kämpft Papa mit den Tränen. Während Lisa sich um die musikalische Untermalung kümmert, zeige ich Papa alte Familienfotos. Die meisten davon hat Steven mir in den letzten Wochen geschickt, um mich aufzumuntern.

»Schau mal, wie süß!« Ich deute auf ein Foto, das Steven als Baby zeigt. Er trägt einen hellblauen Strampler, liegt in Papas Armen und sieht zu ihm auf, während Papa stolz in die Kamera guckt.

»Das war direkt nach der Geburt«, erkennt er sofort.

»Ja?«

Mit einem Lächeln auf den Lippen erklärt er: »Da fängt man erst mal an zu zählen. Zehn Finger, zehn Zehen – alles dran.« Wieder stehen ihm die Tränen in den Augen. »Ich war der glücklichste Mann der Welt.«

Ich denke daran, als ich mit Steven im Pool spielte und anfing zu weinen. Als Papa mit ihm schimpfte und Steven flüsterte: »Dich hat Papa lieber als mich.« Und dann denke ich: Nein, das stimmt nicht. Tief im Herzen hat Papa dich genauso lieb wie mich.

Kurzerhand schließe ich die Galerie, öffne meine Kontakte und rufe Steven an. Er hebt nicht ab. Ich schreibe ihm: »Wir haben Papa. Willst du mit ihm reden?«

Er antwortet sofort: »Nein.« Ich verstehe ihn.

Als wir »The Best« von Tina Turner hören, schaut Papa mich an und schüttelt einmal mehr den Kopf. »Du bist wirklich Norman.«

Ich lege den Arm um ihn. »Ja! Kennst du den Namen noch?«

»Kennen?«, fragt er bestürzt. Er betrachtet seine Hände, dann sieht er mich an. »Ich habe den ausgesucht! Du solltest heißen wie kein anderer.«

Und dann kommen auch mir die Tränen. Ich lehne mich an Papas Schulter und lasse es zu.

Das Café schließt, René verabschiedet sich und wir begleiten Papa zurück zur Sparkasse. Lisa überreicht ihm die belegten Brötchen, die übrig geblieben sind, als Nachtproviant.

»Das darf doch nicht Warstein!«, ruft Papa mal wieder und gibt sich selbst zur Antwort: »Aber Licher doch!«

Lisa sieht mich vielsagend an.

Papa stimmt zu, sich morgen wieder mit uns zu treffen. Ich umarme ihn zum Abschied und denke: Verrückt. Wir fahren jetzt zu Lisas Schwester und Papa geht in die Sparkasse. Wir schlafen gleich in einem Bett und Papa schläft auf dem Boden.

Auf der Fahrt zurück reden wir nicht. Obwohl der Tag weder lang noch körperlich anstrengend war, habe ich mich selten so müde gefühlt. Irgendwann stehen wir vor der Haustür. Lisa dreht den Motor ab, schaltet die Scheinwerfer aus und lehnt sich im Sitz zurück.

»Mein Kopf ist so voll«, sagt sie.

»Es wird nicht leicht, ihn da runterzubekommen«, sage ich.

Lisa nickt, die Augen geschlossen. »Seine Hüfte ist im Eimer, sein Arm auch.«

»Und im Krankenhaus bleibt er nicht.« Ich reibe mir die Augen, stütze den Kopf auf meiner Hand ab. »Dieser Sturkopf, bloß keine Hilfe annehmen.«

»Der Alkohol hat seinen Kopf so kaputtgemacht.« Sie schnallt sich ab und rutscht im Sitz nach unten. »Von früher weiß er noch viel, aber Neues bleibt kaum noch hängen. Er hat sich ständig wiederholt, dieselben Witze gemacht. Als würde sein Gehirn alle zehn Minuten neu starten.«

Sie hat recht. Bei unserem Telefonat vor einigen Wochen hatte ich das nicht bemerkt. Ich hatte nur seine Stimme gehört, die so vertraut klang, und dass er nüchtern war. »Und er trinkt immer weiter.«

»Auf der Straße kannst du eben nicht aufhören. Der Alkohol hält dich warm, lässt dich vergessen, wie sehr dein Leben schiefgegangen ist.« Kurz sagt Lisa nichts, dann lacht sie. »Sorry, aber wenn ich noch einmal diesen Spruch mit dem Warsteiner und dem Licher höre, dann schreie ich.«

»Weißt du«, sage ich und lasse den Tag Revue passieren. »Ich habe Papa gesehen, ich habe ihn in den Arm genommen und er mich, ich habe ›Papa‹ zu ihm gesagt, ganz oft. Ich weiß jetzt, dass es ihn noch gibt, dass er immer noch mein Vater ist. Das kann mir keiner nehmen.«

»Und er weiß, dass es jemanden gibt, der ihn liebt.«

Ich nicke.

Ein paar Minuten sitzen wir noch im Auto und starren in die Nacht. Ich habe meinen Papa wieder. Doch wie viel von ihm ist noch übrig?

8

Der große und der kleine Wolf

28. Januar 2018

Wir haben nur das Nötigste erzählt, als wir am Abend bei Lisas Schwester ankamen: Dass wir Papa getroffen haben, sein Zustand aber schlecht ist. Wir stießen an, mit gekühltem Sekt, und alles, woran ich denken konnte, war Papa, der gerade auf dem Boden einer Bankfiliale schläft.

Nach dem Aufwachen checke ich Twitter. Die Reaktionen auf das Foto von Papa und mir sind überwältigend. Nach wenigen Stunden gefällt es über viertausend Nutzern, mehr als zweihundert haben es kommentiert:

@Hitokiri
Ich weine gerade, ich freue mich so für dich. <3
27. Januar 2018 (18:36 Uhr)

◯　⇅　♡

@FrauGrübchen
Ich muss hier grad echt weinen! Wie schön! <3
27. Januar 2018 (18:59 Uhr)

◯　⇅　♡

@Carlotta

With the power of Twitter!

27. Januar 2018 (19:05 Uhr)

@DeichgräfinErna

Halt ihn fest, deinen Papa!

27. Januar 2018 (19:36 Uhr)

@Amy

Wow, wow, wow! <3

27. Januar 2018 (19:55 Uhr)

Ich kann gar nicht fassen, wie viele Menschen sich mit mir freuen. Der letzte Kommentar stammt von Amy, meiner Gastmama. Ich male mir aus, was die Kids gesagt haben, als sie ihnen das Foto gezeigt hat. »Der sieht ja aus wie der Weihnachtsmann!« vielleicht oder »Wann kommt Norman endlich wieder?«

Nach dem Frühstück beginnen Lisa und ich, eine To-do-Liste zu schreiben. Für akut hält sie, dass Papa einen Entzug macht, um den Alkoholkonsum zu stoppen. Vorher könne nichts anderes gelingen. Außerdem fände sie es wichtig, dass er sich von einem Arzt untersuchen lässt, um die körperlichen und geistigen Folgeschäden seiner Sucht abzuschätzen, seinen Gesamtzustand zu evaluieren und gegebenenfalls eine Behandlung einzuleiten. Im besten Fall ist er dafür krankenversichert. Ich wende ein, dass ihm seine Papiere geklaut worden sind und er erst mal zum Bürgerbüro müsste, um zumindest einen neuen Personalausweis zu beantragen. Online finden wir heraus, dass einige Obdachlosenhilfsstätten in Hamburg zu diesem Zweck vorläufige Wohnadressen zur Verfügung stellen. Ich setze »Arbeitsamt« auf die Liste. Sobald er eine vorläufige Anschrift hat, geht mir durch den Kopf, könnte er auch Arbeitslosengeld beantragen. Eine Weile überlegen wir noch, ergänzen die To-do-Liste und ordnen sie.

Als wir fertig sind, sieht Lisa mich an. »Das ist echt viel.«

»Was davon könnten wir denn heute abhaken?« Ich sehe auf den Zettel. »Die Kleiderkammer vielleicht, wir könnten Papa warme Kleidung besorgen.«

Um das Wort »Kleiderkammer« zieht Lisa einen Kreis. Dann geht sie die Liste Punkt für Punkt durch. »Heute ist Sonntag, die Ämter können wir vergessen.«

»Dasselbe gilt für die Untersuchung«, seufze ich.

Lisa legt den Stift beiseite und lehnt sich im Stuhl zurück. »Allein schafft er die Amtsgänge nicht, könnte sich nicht mal die Termine merken.« Sie nippt an ihrem Kaffee, der noch vom Frühstück lauwarm herumsteht. »Du bist in den USA. Selbst wenn ich nach Hamburg fahre und ihn abhole. Woher weiß ich, dass er mitkommt? Auch den Arzt, den Entzug, er muss das wollen.«

Ich verdrehe die Augen. »Hilfe annehmen, seine Spezialität.«

»Gehen wir mal davon aus, das klappt alles und er kriegt eine Wohnung. Niemals kann er allein leben. Er wird Pflichten haben und Auflagen, die er nur mit Betreuung erfüllen kann.« Sie greift nach dem Stift und fängt an, kleine Sterne und Herzen neben die Liste zu malen. »Ich glaube kaum, dass er das zulassen wird.«

»Und wenn er sagt, dass er das nicht will? Dass er unsere Hilfe nicht will?«

Sie zuckt die Schultern. »Klaus ist ein erwachsener Mann, der für sich selbst entscheiden kann. Zumindest solange er keinen Vormund hat.«

Während Lisa noch einen Schluck lauwarmen Kaffee trinkt, atme ich schwer aus. »Ich würde vorschlagen, wir fragen heute erst mal vorsichtig an, ob er sich vorstellen kann, nicht mehr auf der Straße zu leben.«

Sie nickt zuversichtlich. »Alles andere kommt mit der Zeit. Und wenn er ja sagt, können wir einigermaßen beruhigt nach Berlin weiterfahren.«

Bevor wir losfahren, bitte ich Lisas Schwester, das Foto von Papa und mir auszudrucken. Ich will es ihm heute zum Abschied schenken. Mit einem wasserfesten Stift schreibe ich auf die Rückseite: »Papa & Norman, 27.01.2018, <3«. Als alles vorbereitet ist, rufe ich René an. Wir vereinbaren, dass wir uns gegen zwei Uhr an der Sparkasse treffen. Von Rolf habe ich seit gestern Mittag nichts gehört.

Als wir ankommen, ist René schon da. »Ich habe schon mal kurz reingeguckt«, sagt er und deutet auf die Bankfiliale. »Er ist da drin und schläft, wie gestern.«

Ich nicke. »Dann wecke ich ihn jetzt auf.«

»Warte noch kurz«, ruft er mir nach, als ich schon in Richtung Schalterhalle laufe.

»Hm?«

»Ich will dir keine Angst machen.« René spricht langsam, als wähle er seine Worte mit Sorgfalt. »Es kann sein, dass er sich nicht an gestern erinnert. Es kann sein, dass er dich wieder nicht erkennt.«

Ich schlucke. »Okay.« Als ich die Filiale betrete, steht ein Mann am Geldautomat und tippt eine Zahlenfolge ins Nummernfeld. Papa liegt an der gleichen Stelle wie gestern, genauso zusammengekauert. Ich versuche zu erkennen, ob sein Brustkorb sich hebt und senkt.

Damals, als er nach dem Unfall nach Hause kam und vor Schmerz schrie, dachte ich, er könnte jede Sekunde aufhören zu atmen. Der Mann am Automat nimmt sein Geld entgegen und verlässt die Bank. Sofort gehe ich zu Papa, knie mich hin und halte zwei Finger vor seine Nase: Er atmet. Natürlich atmet er.

Dann rüttle ich an ihm. »Papa?«

Diesmal wacht er schneller auf. Er blinzelt ein paar Mal, sieht sich verschlafen um. Ich gebe ihm einen Moment, bevor ich zu sprechen anfange.

»Guten Morgen«, sage ich und denke: Ich hoffe, du hast mich nicht vergessen. Wieder gehen mir Mamas Worte durch den Kopf: Ich habe doch nur Angst, dass du enttäuscht wirst. »Weißt du noch, wer ich bin?«

Er richtet sich auf, streckt seinen Rücken durch, umgreift mit der rechten Hand die Heizung und zieht sich unter Ächzen hoch. Dann sieht er mich an und lächelt. »Natürlich, du bist mein Sohn!«

René und ich stehen vor der Tankstelle, während Lisa drinnen Kaffee holt. Papa hat sich kurz entschuldigt, um wenige Meter entfernt an einen Baum zu pinkeln.

»Wir kriegen das hin«, sagt René besänftigend. »Ich kann nach ihm schauen, bin eh in der Gegend. Ihr könnt über mein Handy telefonieren.«

»Danke, René«, sage ich lächelnd. »Für alles.«

Ich sehe zu Papa, der immer noch pinkelt. Eine alte Frau läuft den Gehweg entlang, sieht ihn an und verzieht angewidert das Gesicht. Als Papa fertig ist, geht er an ihr vorbei und stellt sich zu uns. Die alte Frau schaut noch immer in unsere Richtung. Schließlich kommt sie auf uns zu. »Belästigt Sie dieser Mann?«, sagt sie zu mir und deutet auf meinen Vater, als könne er sie nicht hören.

Ich sehe zu Papa. »Nein, dieser Mann ist mein Vater.«

»Ich bin der große Wolf.« Er zeigt zuerst auf sich, dann auf mich. »Und das ist der kleine Wolf.«

Die alte Frau sieht mich derweil an, als verstehe sie die Welt nicht mehr.

Ich lege meine Hand auf Papas Kopf und führe sie waagerecht zu mir. An meinem Kinn stoße ich an. »Ich bin inzwischen einen Kopf größer als du«, stelle ich klar. »Wer ist jetzt der kleine Wolf?«

Mit Kaffee versorgt treten wir einen Spaziergang an. Damit Papa und ich uns in Ruhe unterhalten können, laufen René und Lisa ein Stück hinter uns.

Als wir einen grauen Gebäudekomplex erreichen, fasst Papa mir an die Schulter. »Hier habe ich zwei Jahre lang geschlafen«, erklärt er und zeigt auf die Fensterreihe im Erdgeschoss. »Das Zweite von rechts.«

»Ist das ein Obdachlosenheim oder so?« Die Fassade sieht traurig aus. Als möchte man dort wirklich nur schlafen, wenn man keine andere Wahl hat.

Papa schüttelt den Kopf. »Ein Altenheim.«

Ich lache. »Na, so alt bist du nun auch wieder nicht.«

»Nein«, lacht auch Papa. »Blutjung bin ich! Aber hier«, wir haben das Fenster erreicht, auf das Papa gezeigt hat, er klopft dagegen, »hier hat der Johann gewohnt, bis vor einem Jahr.«

»War das ein Freund von dir?«

»Ja, wir haben uns drüben bei der Total kennengelernt.« Papa lächelt. »Kamen ins Gespräch. Haben viel über die Vergangenheit geredet. Er war mal Tischler, hatte er erzählt.«

»Das passt ja gut«, bemerke ich. Zwei Männer, die sich gegenseitig von damals erzählen, von früheren Leben, die längst hinter ihnen liegen. »Und dann?«

»Er hat mich gefragt, ob ich nicht bei ihm schlafen will. Er hätte zwar nur ein Bett, aber auf dem Boden sei jede Menge Platz.« Papa grinst spitzbübisch. »Das durfte natürlich keiner wissen. Also habe ich abends an sein Fenster geklopft und er hat mich reingelassen.«

Wie schön, geht mir durch den Kopf, dass Papa in seiner Zeit in Hamburg auch gute Erfahrungen gemacht, sogar Freunde gefunden hat. »Das muss ein ganz toller Kerl gewesen sein, der Johann.«

»Ja, genau«, bestätigt Papa wehmütig, aber mit einem Lächeln. »Der Johann war ein Guter.«

Ein Stück laufen wir noch an der Hauptstraße entlang, dann biegen wir nach links in eine Seitenstraße ein. Als Papa anfängt, über die Autos am Straßenrand zu reden, holt Lisa von hinten auf.

»Mein erstes Auto war ein schwarzer Audi«, beginnt Papa seine Erzählung. »Für den habe ich lange arbeiten müssen. Den Tag, an dem ich ihn endlich gekauft habe, werde ich nie vergessen. Im Juli 1983 war das.« Während Papa erzählt, scheint zum ersten Mal, seit wir in Hamburg sind, die Sonne. Der Lack der Autos glänzt in ihrem Licht.

»Ein paar Jahre später, kurz bevor ich Anna kennengelernt habe, habe ich den Audi gegen einen silbernen Toyota eingetauscht.« Er dreht sich zu mir. »An den Nissan erinnerst du dich bestimmt noch. Der Toyota war nichts für Familien.« Er sieht nach oben, in die Sonne. »Irgendwann möchte ich den Toyota noch mal fahren, diesmal aber in Goldgelb.«

Ich hole mein Handy aus der Hosentasche und öffne Google. »Wie hieß der genau?«

»Ein Toyota Corolla, 1988«, spezifiziert Papa und schaut mir über die Schulter. »Genau den!«, ruft er, als ich daran vorbeiscrolle. Er klickt auf das Bild und staunt, als es sich auf Vollbild vergrößert. »Den! Aber in Goldgelb lackiert! Das wäre toll.«

Lisa packt die Gelegenheit beim Schopfe: »Klaus, wenn du irgendwann einen goldgelben Toyota fahren willst, musst du aber erst mal runter von der Straße.«

Ich halte die Luft an.

»Ja«, grummelt Papa resigniert. »Ist ja nur ein Traum.«

Lisa legt ihm eine Hand auf die Schulter. »Kannst du dir denn vorstellen, in eine Wohnung zu ziehen? Norman und ich könnten dir helfen.«

Wieder grummelt Papa. Einen Moment lang hält er inne. »Eine kleine Wohnung wäre schon schön«, gibt er schließlich zu. »Mit einer Herdplatte oder zwei vielleicht, damit ich ab und zu was kochen kann.«

Ich werfe Lisa ein Lächeln zu. Wenn Papa motiviert ist, dann schaffen wir das vielleicht. Im Kopf male ich mir aus, wie Lisa und ich bei Papa zu Besuch sind. Er hat gekocht, ein ganz simples Gericht, aber es schmeckt so gut, weil es aus seiner eigenen Küche kommt. Ich kaufe ihm einen kleinen Plattenspieler und ein paar Schallplatten, die er früher gern gehört hat. Und dann sitzen wir beisammen, hören Musik und können gar nicht fassen, dass Papa vor Kurzem noch auf der Straße gelebt haben soll.

»Aber was Eigenes«, unterbricht Papa meine Gedanken. »Ich will nicht, dass mir jemand Vorschriften macht, wo ich wann zu sein habe.«

Scheiße, denke ich. Das habe ich befürchtet.

Als wir nach einer Runde um den Block wieder an der Sparkasse ankommen, liegt Schweigen in der Luft. Wir wissen: Das ist der Moment, in dem wir uns von Papa verabschieden und nach Berlin aufbrechen werden.

»Was meinst du?« Lisa boxt Papa spielerisch in den Oberarm. »Kann ich die Wochen mal bei dir vorbeischauen und wir trinken einen Kaffee zusammen?«

Papa überlegt. »Aber nur, wenn du mich einlädst!«

Und dann lachen alle. Ich erinnere mich daran, wie ich Lisa zum ersten Mal von Papa erzählt habe: »Ich glaube, er ist tot.« Und dass ich gedacht habe: Er hätte sie gemocht. Und jetzt stehen die beiden hier, Papa und Lisa, scherzen, necken einander und lachen miteinander.

»Ich schaue auch ab und zu vorbei, ja?«, schlägt René vor.

Papa zieht skeptisch eine Augenbraue hoch. »Wenn so viele nach mir schauen, da habe ich ja richtig was zu tun!«, lacht er und ich denke: Lisa hat recht. Wenigstens weiß er jetzt, dass es Menschen gibt, die sich für ihn interessieren, die sich um ihn sorgen, die ihn lieben.

Lisa klopft René auf den Rücken. »Wir beide gehen schon mal zum Auto.« Sie umarmt Papa zum Abschied. »Mach's gut, Klaus! Und pass auf dich auf.«

Als auch René sich verabschiedet hat und beide um die Ecke gebogen sind, ziehe ich unser Foto aus der Jackentasche. »Ich habe noch was für dich, Papa.«

Wieder zieht er skeptisch eine Augenbraue hoch.

Ich lache unsicher und halte ihm das Foto hin. »Von gestern.« Dann drehe ich es um. »Auf die Rückseite habe ich unsere Namen und das Datum geschrieben«, erkläre ich. »Damit du mich nicht vergisst.«

Papa nimmt das Foto entgegen und verstaut es in seiner Jackentasche. Dann schließt er mich in die Arme, drückt mich richtig fest und ich denke: Vor einem Jahr hätte ich nicht für möglich gehalten, dass mein Papa mich noch mal drückt und schon gar nicht richtig fest. Plötzlich hebt er mich hoch. »Siehst du, ich kann dich immer noch stemmen!«

Ich lache und zapple mit den Beinen. Als er mich wieder absetzt, hebe ich ihn hoch. »Ich dich aber auch!« Und dann lachen wir beide.

»Mach's gut, kleiner Wolf«, sagt Papa.

»Mach's gut, großer Wolf.«

Ich setze ihn ab und schaue ihn an. Ihm stehen Tränen in den Augen. Also umarme ich ihn noch einmal. »Ich hab dich lieb«, flüstere ich. Dann kommen auch mir die Tränen.

»Wir sind ja wie die Weiber, die ganze Heulerei!«, sagt er und wieder müssen wir lachen.

»Tschüss, Papa.«

Er winkt, als ich in die Richtung laufe, in die Lisa und René vor einer Minute verschwunden sind. Einmal drehe ich mich noch um. Beobachte ihn, wie er in die Bank zurückgeht. Ich muss an damals denken, als wir in unseren Klappstühlen am See saßen. Als Papa an seiner Zigarette zog, den Rauch in die kühle Morgenluft blies und sagte: »Ich will, dass du es mal besser hast als dein Papa, hörst du? Du und dein Bruder, ihr seid mir das Wichtigste auf der Welt.«

»Papa«, flüstere ich.

9

Ein guter Mensch

31. Januar 2018

Ich sitze in Mamas Küche und stelle mir vor, mein Gehirn wäre ein Kaleidoskop: schön, bunt und glitzernd, doch nichts an Ort und Stelle. Es ist die Nacht auf Mittwoch, kurz nach zwei und die letzten Tage waren völlig verrückt.

Die Preisverleihung in Berlin zum Beispiel. Drei Stunden vor Beginn trafen Lisa und ich den Reporter der *Welt* zum Essen, den ich noch im Dezember am Telefon angebrüllt hatte, und sprachen über das Wiedersehen mit Papa. Eine Stunde vor Beginn saßen wir ungeduscht im Hotelzimmer und tranken Kurze – gegen die Aufregung. Fünf Minuten vor Beginn meldete Mama sich per WhatsApp: »Sind deine Schuhe geputzt?« Waren sie nicht. Gewonnen habe ich trotzdem, Twitter-Account des Jahres. Lisa hat schrecklich viel geweint und dann musste ich auch schrecklich viel weinen und dann haben wir schrecklich viel Wein getrunken. Als ich auf die Bühne kam, um den Preis entgegenzunehmen, drohte der Moderator: »Und wenn noch einmal jemand behauptet, Normans Geschichte sei Fake …« Lisa brüllte die Antwort einfach dazwischen: »Dann hau ich ihm aufs Maul!« Beste Freundin für immer.

Am Morgen brachte Lisa mich zum Flughafen. Wir verabschiedeten uns unter Tränen, nur um dreißig Minuten später doch zusammen nach Frankfurt zu fahren. Mein Flug wurde gestrichen. Um nicht in Berlin übernachten zu müssen, ließ ich mir einen Ersatzflug aus Frankfurt geben. Amy, meine Gastmama, tröstete derweil die Kids: »Norman kommt doch erst morgen zurück.«

Auf der Heimfahrt schliefen wir zwei Stunden auf einem Rasthof. Die letzte Woche hatte an unseren Kräften gezehrt. Es war ein Uhr nachts, als Lisa mich zu Hause absetzte. Während die anderen schliefen, war ich hellwach.

Ich trinke Tee, starre in die leere Küche und realisiere, dass ich zum ersten Mal seit Freitag wirklich Zeit habe. Ich tippe »Norman«, »Vater« und »obdachlos« bei Google ein und erhalte sofort etliche Artikel. »Happy End in Hamburg«, titelt die *Bild*-Zeitung, »Die unglaubliche Geschichte«, schreibt *BuzzFeed*. Die *Gala* spricht sogar vom »Moment meines Lebens«. Jeder einzelne Bericht malt Papa eine goldene Zukunft aus. Niemand schreibt davon, was zwölf Jahre auf der Straße mit ihm angerichtet haben.

Ich entdecke einen Artikel, der mir vorwirft, mir alles nur ausgedacht zu haben. Oh Mann, ich muss die Augen verdrehen. Ich würde einen »kompletten Seelen-Striptease« hinlegen, steht da, das Treffen mit Papa lese sich wie ein Drehbuch. Sorry, das Leben hat diese Geschichte geschrieben, nicht ich! Und nur, weil ich meine Follower auf dem Laufenden halten will, heißt das nicht, dass ich ein »bevormundender Selbstdarsteller« bin. Als ich auf Twitter nachsehe, schlagen mir noch schlimmere Vorwürfe entgegen. Ich wolle die Geschichte meines Vaters vermarkten, hinter meinen Tweets stecke ein »kalkulierter Plan«. Wie absurd!

Ich seufze. Wer nicht in meiner Haut steckt, kann das vielleicht nicht nachempfinden. In den letzten Wochen war ich häufig überfordert, traurig, hatte Angst. Doch auf Twitter hatte ich Tausende Menschen an meiner Seite, die mit mir gefühlt, mich getröstet, mir Mut gemacht haben. Diese Fremden im Internet wurden Stück für Stück zu meinem Rückhalt. Und dafür bin ich ihnen so dankbar! Ich habe keinen »kalkulierten Plan«, bin kein »Selbstdarsteller«. Ich bin nur ein Sohn, der seinen Vater gesucht hat. Und allein nicht stark genug dafür war.

Um fünf betritt Mama die Küche. Ihr Gang ist schleppend, sie trägt noch ihr Nachthemd. Sie ist gerade aufgestanden, ich bin immer noch wach.

Als sie mich sieht, reibt sie sich die Augen. »Norman?«, fragt sie erstaunt und ich frage mich, ob sie vielleicht denkt, dass sie noch träumt. »Wolltest du nicht heute zurück nach Boston fliegen?«

»Mein Flug wurde gestrichen«, murre ich.

Mama blinzelt zweimal, schlendert zur Kaffeemaschine und holt eine Tasse aus dem Schrank. »Willst du auch einen?«

Ich nicke. »Kann sowieso nicht schlafen.«

»Als Baby …«, setzt Mama an, muss jedoch gähnen. Sie holt eine zweite Tasse aus dem Schrank und stellt beide unter die Maschine. »Als Baby konntest du am besten im Auto schlafen.« Sie drückt den Startknopf, dann dröhnt es laut. Der Kaffee dampft, als er in die Tassen fließt. »Wenn du nicht schlafen konntest, habe ich dich ins Auto gesetzt und so lange herumgefahren, bis du eingeschlafen bist.«

»Das wusste ich nicht.« Ich lächle.

Mama drückt mir eine der beiden Tassen in die Hand und setzt sich mit der zweiten dazu. »Steven hat mir das Foto gezeigt. Ich hätte ihn nicht wiedererkannt.«

»Ja«, gebe ich zu. »Er sieht anders aus.« Ich hole die Milch aus dem Kühlschrank und fülle einen Schluck in meinen Kaffee. »Aber er ist noch derselbe wie früher. Der gleiche Humor, der gleiche sture Kopf.«

Mama lacht. Sie weiß genau, was ich meine. »Und was macht ihr jetzt?«

»Na ja, sein Kopf ist vom Alkohol ganz schön hinüber.« Ich erzähle ihr von den immer gleichen Witzen, die er gemacht hat, davon, dass er unsere Verabredung vergessen hat. »Das macht Hilfe nicht gerade leicht«, schließe ich. »Vor allem nicht von so weit weg.«

»Und wenn du in Deutschland bleiben würdest?«

Ich schüttle sofort den Kopf. »Ich habe meine Arbeit in den USA, mein ganzes Leben. Meine Gasteltern, die Kids, die verlassen sich doch auf mich. Die kann ich nicht einfach hängenlassen.«

Mama nickt verständnisvoll und dann schweigen wir. Wir trinken den Kaffee, gucken ab und zu raus in den Hof, der noch völlig im Dunkeln liegt. Ich muss lange überlegen, ob ich ihr erzählen soll, was mir auf den Lippen liegt. »Er hat nach dir gefragt.«

Sie sieht mich nicht an, starrt weiter in den Hof.

»Er hat gefragt, wie es dir geht.« Ich beobachte ihr Gesicht, doch es bewegt sich nicht. »Er dachte, du hättest vielleicht auch Krebs bekommen – wie deine Mutter. Ich habe ihm erzählt, dass du vor drei Jahren wirklich einen Tumor hattest.«

Ich muss daran denken, wie Steven und ich sie nach der Operation im Krankenhaus besucht haben. Neben dem Tumor wurden ihr auch Lymphknoten entnommen, um sie auf Metastasen zu testen. Wir saßen an ihrem Bett, hatten Groschenromane für sie mitgebracht, redeten über zu Hause. Irgendwann kam die Oberärztin ins Zimmer, schüttelte mit einem versöhnlichen Lächeln den Kopf und sofort fing Mama an zu weinen. Der Tumor hatte nicht gestreut.

»Papa war so erleichtert«, sage ich ihr.

Dann sieht sie mich endlich an. »Ich wünsche ihm doch nichts Böses.«

»Das weiß ich doch«, sage ich.

»Wir waren achtzehn Jahre lang verheiratet.«

Ich kann nur erahnen, an was sie gerade denkt. An das Streiten vielleicht und das Trinken. Vielleicht aber auch an die guten Zeiten: die Ausflüge zum Rummelplatz, die Familienfeiern, die Urlaube in Österreich.

Sie beißt sich auf die Unterlippe, kneift die Augen zusammen. »Ich weiß, dass er ein guter Mensch ist.« Und dann fängt sie an zu weinen.

Ungehemmt, laut, wie ein Kind. »Ich weiß doch, dass er ein guter Mensch ist.«

»Mama.« Und in diesem Moment verstehe ich sie. All die stummen Tränen, die sie damals geweint hat. Wie lange sie versucht hat, ihn vom Trinken wegzuholen. Dass sie erst einen Schlussstrich ziehen konnte, als sie selbst am Ende ihrer Kräfte war.

»Er ist ...«, sie schluchzt.

Ich nehme ihre Hand, streiche behutsam mit dem Daumen darüber. »Ich habe mich nie bei dir bedankt, Mama.«

Sie hebt den Kopf.

»Für damals«, erkläre ich. »Dafür, dass du so lange um Papa gekämpft hast, um unsere Familie.« Ich schlucke. Jetzt stehen auch mir die Tränen in den Augen. »Dafür, dass du dich so verausgabt hast, als Papa verschwunden ist. Du hast wie ein Tier geschuftet, den Haushalt geschmissen und zwei Kinder großgezogen, ganz allein.«

»Natürlich«, sagt sie, drückt meine Hand und sieht mich aus geröteten Augen an. »Ihr seid meine Kinder. Für euch hätte ich alles gemacht.«

Ich stehe auf und schließe sie in die Arme. Drücke sie ganz fest, während sie weint. »Ich bin so stolz, dass du meine Mama bist.«

Wenige Stunden später fliege ich zurück nach Boston, die wahrscheinlich größte Herausforderung meines Lebens im Gepäck. Ich habe mein intimstes Anliegen im Internet geteilt. Ich habe Trost und Hilfe erfahren, Hass und Anfeindungen. Mit nichts als einem Foto und Twitter habe ich meinen jahrelang totgeglaubten Papa gesucht – und gefunden. Nach zwölf Jahren und aus sechstausend Kilometer Entfernung. Und jetzt? Verlasse ich Deutschland, unverrichteter Dinge. Papa lebt noch immer auf der Straße.

Im Flugzeug lese ich noch einmal die Nachricht, die René mir nach unserem Abschied schrieb: »Heute ist ein Stein ins Rollen gekommen. Der Weg ist holprig, doch er führt in die richtige Richtung.«

Er hat recht, denke ich. Und dann male ich mir aus, wie unsere Leben in einem Jahr aussehen könnten: Papa lebt inzwischen in einer Einzimmerwohnung in Hamburg-Hamm, hat zwei Herdplatten, einen Plattenspieler. Draußen ist es noch dunkel, als ich ihn abhole. Wir machen einen Angelausflug. Wir sitzen in Klappstühlen, schweigen in die kühle Morgenluft und sehen zu, wie der Himmel am anderen Ende des Sees schon ein bisschen heller wird. Die Angel ist bereits ausgeworfen, doch nichts beißt an.

»Papa«, sage ich irgendwann. »Ich glaube, die Fische schlafen noch.«

Epilog:
Das Leben ist kein Märchen

05. Mai 2019

Ich schreibe diesen Epilog fünfzehn Monate und neun Tage, nachdem ich Papa wiedergesehen habe. Es gibt keine Einzimmerwohnung in Hamburg-Hamm, keinen Angelausflug. Papa lebt immer noch auf der Straße. Ein »Twitter-Märchen«, hatten die Medien getitelt. Dass ich ihn fand, das Telefonat und dass er genauso klang wie früher, dass ich ihn wirklich treffen konnte. All das hat sich wie ein Märchen angefühlt. Ein bisschen muss ich lachen, als ich darüber nachdenke. Wie naiv von mir, ganz ohne Plan nach Deutschland zu fliegen und zu denken, ich könne einen alkoholkranken Menschen, der seit zehn Jahren auf der Straße lebt, von heute auf morgen aufsammeln, in eine Wohnung setzen und sagen: »Los, führ wieder ein geregeltes Leben!« Das Leben ist kein Märchen.

Aber von vorn: Am einunddreißigsten Januar fliege ich zurück nach Boston, um dort ein weiteres Jahr als Au-pair zu leben. Meinen Arbeitsvertrag habe ich bereits vor der Suche nach Papa verlängert. Als ich spätabends das Haus betrete und »Hi« sage, stürmt Sabine in meine Arme und weint. Sie bringt kein Wort heraus, drückt mir nur ein Bild in die Hand, das sie gemalt hat, als ich weg war: »Willkommen zu Hause, Norman«. Und so fühlt es sich auch an: wie zu Hause. Ich weiß sofort, dass es die richtige Entscheidung war, zurückzukommen.

In den folgenden Tagen arbeite ich auf, was in Hamburg passiert ist. Das Treffen mit Papa steckt mir noch in den Knochen und ihn dort zurückzulassen, war nicht einfach. Mit meinen Gasteltern und den Kids darüber zu reden, tut gut, auch mit Lisa telefoniere ich viel. Während sie sich über Obdachlosenhilfen in Hamburg informiert, sehe ich die privaten Hilfsangebote durch, die ich seit der Suche bekommen habe. Einige Menschen sind so gerührt von Papas Schicksal, dass sie uns Geld anbieten. Ich bin mit einer Crowdfunding-Firma in Kontakt. Am Ende entscheiden wir uns gegen beides. Geld hilft Papa nicht. Er könnte es weder verwalten, noch dürfte er es behalten, weil er massiv verschuldet ist (allein bei meiner Mutter mit über sechsundreißigtausend Euro Unterhalt). Geld ist auch nicht das Problem. In Hamburg sind Sozialwohnungen frei, Papa hat Anspruch darauf und alles, was es dafür braucht, ist ein Termin beim Jobcenter. Dort würde man sich um alles Weitere kümmern – das hat Lisa inzwischen bei der Stadt Hamburg erfragt. Aber dafür müsste er sich den Termin merken, ihn wahrnehmen, Anträge ausfüllen, Unterschriften leisten. Das kann er nicht allein. Doch wird er da sein, wenn man ihn abholt? Wird er zulassen, dass jemand ihn dorthin begleitet? Uns wird klar: Das wird ein langer Weg.

Vier Wochen nach unserem Treffen fährt Lisa wieder nach Hamburg. Weil sie werktags arbeiten muss, reist sie am Wochenende an: das Jobcenter hat geschlossen. Trotzdem trifft sie Papa, zeigt ihm unser Foto. »Kennst du den noch?«, fragt sie. Und er lächelt. Sie trinken Kaffee, unterhalten sich, lachen viel, fast wie Freunde. Später schickt Lisa mir ein Foto: Papa guckt schüchtern in die Kamera. Er ist rasiert, sieht deutlich besser aus als im Januar. Er hat zehn Tage im Krankenhaus verbracht, erzählt Lisa, sie haben ihn dort aufgepäppelt und ihm neue Kleidung gegeben: eine Mütze, einen Schal, einen dicken Pullover. Lisa steht breit grinsend neben ihm, einen Arm um seine

Schultern gelegt. Am Ende fragt sie ihn, ob sie mir etwas ausrichten soll. Papa sagt: »Sag ihm, er soll nicht so viel trinken.« Der alte Humor, er ist immer noch da.

Wir nehmen Kontakt mit der Hamburger Sozialbehörde auf. Sie kennen Papa bereits. Im Dezember, als die Medien über meine Suche berichteten, haben Sozialarbeiter ihn in Hamm aufgesucht und angeboten, ihn zum Jobcenter zu begleiten. Doch er hat sich geweigert mitzukommen, hat die Helfer weggeschickt. Dieser stolze Sturkopf. Wir bitten sie, es noch mal zu versuchen. Ich schlage vor, sie telefonisch zu begleiten – vielleicht kann ich ihn überreden. Stattdessen empfehlen sie uns, Papa vorerst ins »Winternotprogramm« zu begleiten, weil dieses auch am Wochenende geöffnet habe. Dort könne er schlafen und würde in Ruhe bezüglich weiterer Hilfsangebote beraten. Doch erneut sperrt Papa sich. Er sei schon einmal in diesem Programm gewesen. Dort seien zu viele Menschen auf zu wenig Platz, so könne er nicht einschlafen. Ende März schließt das Programm, ohne dass Papa hingegangen wäre.

In den nächsten Monaten ist Lisa im Arbeitsstress, ihre langjährige Beziehung geht in die Brüche. Sie hat mit sich selbst zu kämpfen, ist kraftlos, das nimmt auch mich mit. René schaut in dieser Zeit regelmäßig nach Papa und erstattet Bericht, damit ich mir keine Sorgen machen muss. Seine Updates fallen meist zwiespältig aus: »Er ist ganz okay. Betrunken, durcheinander, ist mal wieder hingefallen. Aber er lebt.« René übermittelt ihm Nachrichten von mir: »Pass auf dich auf« und »Ich denke an dich«. Und mir übermittelt er Nachrichten von ihm: »Mir geht's gut. Komm bald wieder nach Deutschland und besuche mich, ja? Ich vermisse dich hier.« Mal ist es ein schneller Wortwechsel an der Sparkasse, mal treffen sie sich im Park, quatschen, trinken ein Bier zusammen. Er erzählt, dass Papa die Gespräche mit ihm mag. Seine obdachlosen Kumpels würden immer nur über »Weiber und Sex« reden. Einmal spricht René ihn auf eine neue Verletzung am Arm an. Er bittet ihn: »Aber sag's nicht Norman. Ich will nicht, dass er sich Sorgen macht.« Von Rolf höre ich gar nichts. Nur René erzählt manchmal von ihm: Mein Internetauftritt sei ihm »unangenehm«, er vermeide inzwischen, mit ihm über mich zu sprechen.

René hat zu dieser Zeit kein Handy. Doch Menschen, die Papa zufällig sehen, wenn sie mit der U-Bahn zur Arbeit oder nach Hause fahren, im Park spazieren gehen, Geld abheben oder einkaufen, schreiben mir immer wieder über Twitter und bieten mir ein Gespräch an. Papa und ich telefonieren so von Zeit zu Zeit über WhatsApp. Wenn ich ihn frage, wie es ihm geht, sagt er: »Muss immer weitergehen.« Immer wieder schlage ich ihm vor, Hilfsangebote in Anspruch zu nehmen. Jedes Mal hat Papa eine Ausrede. Mit der Zeit finde ich mich damit ab: Nur ich kann Papa ins Jobcenter bringen, meine Hilfe ist ihm nicht peinlich. Ich schwöre mir, selbst nach Hamburg zu fahren, sobald ich zurück in Deutschland bin – im März 2019.

Unterdessen wachsen online die Anfragen: »Hat dein Papa inzwischen eine Wohnung?« Ich bin überfordert, fühle mich schuldig, nutzlos. Wie kann ich dermaßen daran scheitern, Papa zu helfen, obwohl es mir so wichtig ist? Ich fange an, meine Geschichte aufzuschreiben. So wie ich es als Kind schon gemacht habe. Nur gibt es diesmal keinen Helden mit magischen Kräften – es gibt nur mich. Ich fange ganz von vorn an: der Angelausflug mit Papa. Es dauert, bis ich etwas aufschreibe. Alles noch einmal zu durchleben, wühlt mich auf. Ich weine währenddessen oft. Doch wenn ich fertig bin und alles geordnet zu Papier gebracht habe, fühlt sich auch mein Kopf geordnet an.

Im März nimmt ein Verlag Kontakt mit mir auf, schlägt mir vor, meine Geschichte als Buch zu veröffentlichen. Alkoholismus und Obdachlosigkeit sind Tabuthemen, geht mir durch den Kopf. Dabei sind 1,3 Millionen Menschen in Deutschland alkoholkrank, völlig unabhängig von ihrem Alter oder der sozialen Schicht. Weil es eine psychische Krankheit ist, keine Entscheidung und keine Schwäche. Papa ist krank, kein »schlechter Mensch«, nicht »selbst schuld«. »Er hätte ja nicht mit dem Trinken anfangen müssen«, sagen viele. Doch die Grenze zwischen Genuss und Abhängigkeit ist fließend. Laut der *International Classification of Diseases* sind Süchtige nicht mehr in der Lage, ihren Konsum willentlich zu steuern, können nicht mehr kontrollieren, ob, wann und wie viel sie trinken. Selbst wenn die Sucht physische oder soziale Konsequenzen nach sich zieht. Ich denke an Papa und wie oft er versucht hat aufzuhören. Wie er es Mama versprochen hat und mir.

Nach Schätzungen der *Bundesarbeitsgemeinschaft Wohnungslosenhilfe* aus dem Jahr 2016 sind etwa 860 000 Menschen in Deutschland wohnungslos. Obwohl die meisten davon bei Freunden oder in Notunterkünften unterkommen, schlafen etwa 52 000 Menschen auf der Straße. Ungefähr 2000 davon auf den Straßen von Hamburg. Papa ist einer davon. »In Deutschland muss niemand auf der Straße leben«, höre ich oft. Aber so einfach ist es nicht. Die Notunterkünfte sind eng und laut, wie Papa nehmen viele keine Hilfe an, können das häufig gar nicht mehr, weil die Straße und der Alkohol sie körperlich oder psychisch so zugerichtet haben. Nicht umsonst steigt die Zahl der Wohnungslosen in Deutschland so rasant an: Seit 2008 hat sie sich fast vervierfacht. Doch für viele Menschen sind Obdachlose noch immer »Asoziale«, sie empfinden ihnen gegenüber Ekel, echauffieren sich über ihre »Faulheit«. Vielleicht, geht mir durch den Kopf, kann ich das begreiflich machen, wenn ich Papas Geschichte erzähle. Dass diese 52 000 Menschen auch eine Geschichte haben. Es sind Menschen, die aus den verschiedensten Gründen, vielleicht durch Jobverlust, einen Schicksalsschlag oder eine Suchterkrankung, auf der Straße gelandet sind. Menschen, die vielleicht eine Familie haben.

Ja, meine Geschichte ist äußerst intim, sie macht mich verletzlich, schon wieder. Aber vielleicht ist es das wert. Vielleicht kann ich über diese Themen aufklären, Menschen Hoffnung geben, die Ähnliches erlebt haben. Einem jugendlichen Mädchen vielleicht, deren Mutter süchtig ist, einem erwachsenen Mann, der seinen Vater an den Alkohol verloren hat. Ich beschließe: Meine Geschichte muss Gehör finden – stellvertretend für die Geschichten vieler anderer.

Zuerst erzähle ich Lisa von dem Angebot, dann meiner Mutter und meinem Bruder. Sie sind begeistert. Im Mai telefoniere ich wieder mit Papa: »Weißt du, einige Menschen sind von unserer Geschichte so gerührt, dass sie vorgeschlagen haben, ich soll ein Buch darüber schreiben.«

Papa platzt fast vor Stolz: »Mein Sohn, ein Buch.«

Ich muss grinsen. »Schon nächsten Frühling könnte das erscheinen, und wenn du einverstanden bist, können wir das schöne Foto von unserem Wiedersehen als Cover benutzen.«

Er findet die Idee schön, ist einverstanden. Im Juli, nachdem alle Einzelheiten geklärt sind, unterschreibe ich den Vertrag.

Ende Oktober schreibe ich René eine E-Mail. Ich frage ihn, ob er einen Brief überbringen würde, den ich an Papa geschrieben habe. Dann update ich ihn über mein Buch: »Ab heute kann man das Buch online vorbestellen. Das wäre ein guter Zeitpunkt, um Twitter Bescheid zu geben, doch ich traue mich nicht.« Ich habe Angst, dass man meine Motive nicht verstehen könnte. Schon während der Suche nach Papa habe ich online immer wieder viel Kritik einstecken müssen, doch diesmal befürchte ich, einen ganzen Shitstorm abzukriegen, das heißt, innerhalb von kürzester Zeit mit einer wahren Flut an negativen Kommentaren, Drohungen und aggressiven Beleidigungen konfrontiert zu werden. Ich sollte recht behalten. In einem Ausmaß, das ich zu diesem Zeitpunkt noch nicht erahnen kann.

René antwortet erst nach einigen Tagen: »Ich muss dir leider sagen, dass ich deinen Papa seit längerer Zeit nicht gesehen habe. Ich hoffe wirklich, ihm ist nichts passiert.« Rolf habe vor Kurzem mit einem von Papas obdachlosen Freunden geredet, der aus Estland komme und nur gebrochen Deutsch spreche. Er habe erzählt, dass auch er ihn schon seit einigen Tagen nicht mehr gesehen habe. »Eine Sache gibt es noch«, schreibt René. Davon wolle er mir aber erst erzählen, wenn er es persönlich gehört habe.

Ich halte den Atem an, tippe die E-Mail mit zitternden Händen: »Bitte sag mir, was du weißt«.

Über sechs Stunden muss ich auf Renés Antwort warten. »Der Obdachlose aus Estland hat von einer alten Dame erzählt«, schreibt er schließlich. »Die meinte, dass dein Papa im Krankenhaus war und es ›nicht geschafft‹ habe.«

Hörensagen, denke ich sofort, er spricht kaum Deutsch, darauf darf ich nichts geben. Trotzdem mache ich mir wahnsinnige Sorgen. Normalerweise verlässt Papa sein Viertel nicht, schon gar nicht für so lange. Und erst letzte Woche ist ein Obdachloser in Hamburg auf einer Parkbank erfroren. Steven ruft das Marienkrankenhaus an, in dem Papa das letzte Mal untergebracht wurde. Doch dort ist er nicht. Auch die Krankenhäuser in der Umgebung sowie die Polizei telefoniert Steven ab, niemand weiß etwas.

René gibt mir tägliche Updates, läuft immer wieder die Orte ab, an denen Papa sich üblicherweise aufhält: Er findet ihn nicht. Die alte Dame, findet er derweil heraus, sei eine ehrenamtliche Helferin, die in allen Stadtbezirken Essen an Obdachlose verteile. Er müsse sie persönlich sprechen, sie sei der einzige Hinweis. Ein anderer Obdachloser erzählt, Freitag oder Samstag sei ein Rettungswagen an der U-Bahn-Station gewesen. Er trifft weitere Freunde von Papa, keiner weiß von seinem Verbleib, einige machen sich Sorgen. Er ist wie vom Erdboden verschluckt – von jetzt auf gleich. In seiner nächsten E-Mail schreibt René: »Vielleicht war es euch bestimmt, euch noch mal wiederzusehen. Er weiß, dass du ihn liebst, und ich glaube, diesen Stolz auch in den

Gesprächen mit ihm gespürt zu haben. Wir müssen bedenken, dass er sich mit seinem Leben abgefunden hatte.« Er denkt, Papa ist tot.

Mir reicht es. Seit fast zwei Wochen hat niemand Papa gesehen. Ich will nicht mehr auf Renés E-Mails warten und auf die ominöse Frau. Ich will etwas tun. Wenn wir ihn nicht finden, die Behörden ihn nicht finden, vielleicht kann Twitter ihn finden – ein zweites Mal. Am elften November veröffentliche ich einen neuen Suchaufruf:

@deinTherapeut

Ich suche meinen Papa – erneut.

Er ist obdachlos und lebt in Hamburg.

Seit einigen Tagen hält er sich nicht an seinen üblichen Plätzen auf.

Vermutlich ist ihm etwas zugestoßen.

Falls ihr ihn gesehen habt: Meldet euch!

Und bitte Retweet.

Ich kann ihn nicht noch mal verlieren.

11. November 2018 (18:10 Uhr)

Ich hänge ein aktuelles Foto von ihm an, ergänze den Tweet um seinen Namen, die üblichen Aufenthaltsorte und seit wann er verschwunden ist. Ich erkläre, warum ich mich sorge, welche Orte wir schon überprüft haben, und poste weitere Fotos: Ich als Kleinkind auf Papas Schoß, das Foto, das Lisa im Februar mit ihm gemacht hat. Auch von der ominösen Frau, die Papa für tot erklärt hat, erzähle ich.

Wieder teilen unfassbar viele Menschen den Suchaufruf und wollen helfen, Papa aufzuspüren. Ich kann es kaum glauben, niemals hätte ich noch einmal mit so viel Unterstützung gerechnet. Viele Hamburger suchen vor Ort, jemand hängt am Abend überall in Hamburg-Hamm Suchzettel aus: »VERMISST«, steht in Großbuchstaben darauf, direkt über Papas Foto. Ein konkreter Hinweis, dass er noch vor wenigen Tagen vor einer Lidl-Filiale in Hamm gesehen worden sei, stellt sich zwei Tage später als eine Verwechslung heraus.

Eine Reporterin bietet an, vor Ort nach Papa zu suchen. Sie ist mehrere Tage lang unterwegs, spricht mit mehr als einem Dutzend Menschen aus seinem Umfeld. Die meisten kennen ihn, doch niemand hat ihn gesehen: weder die Kassiererin der Total-Tankstelle noch die Leiterin der Penny-Filiale, weder die Sozialarbeiterin im Gemeindezentrum noch die Mitarbeiter des Cafés, bei dem wir im Januar mit Papa saßen. Nur eine Sache kann die Reporterin mir am Ende berichten: Papa habe fast allen von mir erzählt, davon, dass ich in Amerika lebe und ihn besucht habe. Er erfindet Geschichten: Dass ich ihm zum Abschied eine Ein-Dollar-Note geschenkt habe, behauptet er. Dass ich ihn gebeten habe, mit mir nach Amerika zu kommen. Ich muss lächeln. Ich scheine ihm in Erinnerung geblieben zu sein.

Nach drei erfolglosen Tagen gibt auch Twitter die Hoffnung allmählich auf: Man legt mir die Nummern der Hamburger Friedhöfe nahe. Ich bin maßlos enttäuscht – aber aufgeben? Nicht mit mir.

Unterdessen wird mit dem Finger auf mich gezeigt, genauso zahlreich wie beim letzten Mal. Ich könnte mein Handy einfach ausmachen, klar. Stattdessen gehe ich in die Offensive. Es gibt schließlich keinen Vorwurf, auf den ich keine Antwort hätte. Doch schnell erhalte ich Fragen, die jede Grenze überschreiten. Wieso ich meinen Vater auf der Straße »verrecken« lasse? Als hätte ich nicht seit Monaten alles versucht, ihn da wegzuholen! Doch Papa sperrt sich gegen Hilfe. Sofort schlägt mir die empörte Nachricht eines Fremden entgegen: Wenn er keine Hilfe wolle, dann solle ich ihn doch einfach in Ruhe lassen. So ein Unsinn! Papa will Hilfe, das hat er zugegeben, als wir ihn getroffen haben. Ihm fällt es nur so schwer, sie anzunehmen.

Zu spät bemerke ich: Diese Leute wollen gar keine Antworten, keine sinnvollen Erklärungen. Sie wollen nur auf jemanden eindreschen. Ich bin überfordert, werde allmählich wütend, kann die Nachrichten aber nicht ignorieren: »Kann er nicht einfach bei dir wohnen?«, fragt ein Mann in Papas Alter. Dass ich in den USA lebe, im Haushalt einer Familie und ohne eigenen festen Wohnsitz, sei nur eine »logistische Herausforderung«. Ich bin fassungslos. Papa ist obdachlos, hat keine Papiere, er würde nicht mal eine Einreiseerlaubnis bekommen. Ein anderer will mir weismachen, dass er an meiner Stelle längst ins Flugzeug gestiegen wäre. Klar, das würde ich gern! Doch ich habe hier einen Job, trage Verantwortung. Krass, wie einfach die Welt für manche funktioniert.

Fünf Tage nach meinem Tweet taucht Papa wieder auf. Ein Twitter-User schreibt mir, dass er ihn auf dem Heimweg an einer U-Bahn-Station in Hamm angetroffen habe. Er schickt ein Foto mit, es ist tatsächlich Papa. Ich bin unfassbar erleichtert! Er sieht erholt aus, nur sein Arm ist geschient, und er zieht die Augenbrauen hoch, als verstehe er die ganze Aufregung nicht. Ich sehe mir das Bild immer wieder an, weil ich schon gar nicht mehr damit gerechnet habe, dass er lebt. Es gehe ihm gut. Er sei in einem Krankenhaus in Hamburg-Altona gewesen und habe sich dort wegen seiner Schulter behandeln lassen. Altona, geht mir durch den Kopf, da hätten wir in Hamm noch lange suchen können. Ich gebe dem User rasch meine Handynummer durch und bitte ihn, mich beim nächsten Mal anzurufen.

Dann twittere ich:

@deinTherapeut
Papa lebt!!
16. November 2018 (19:08 Uhr)

Schon am nächsten Abend klingelt mein Handy, Papa ist dran. Ich bin so froh, seine Stimme zu hören. Ich erzähle ihm, dass wir uns furchtbare Sorgen gemacht haben. Er lacht: »Da bin ich mal ein paar Tage unterwegs, schon hängen überall Poster von mir.« Ich frage ihn, warum er ausgerechnet in einem Krankenhaus in Altona war, doch er erinnert sich nicht. Als ich ihm erkläre, dass ich im März zurück nach Deutschland komme, ist er ratlos: »Das hilft mir nicht, ich weiß doch gar nicht, welchen Monat wir haben.« Scheiße, denke ich. Doch Papa freut sich: »Wenn du nach Hamburg kommst, können wir ganz viel zusammen unternehmen! Zum Beispiel …« Dann ist die Verbindung plötzlich weg. Ich hätte so gern von Papas Plänen mit mir erfahren, doch als die Verbindung wiederhergestellt ist und ich ihn danach frage, hat er bereits vergessen, was er sagen wollte.

Was dann passiert, wirft mich völlig aus der Bahn. Kurz nachdem Papa wieder aufgetaucht ist, bringt jemand mein Buch in Umlauf. Er behauptet: »Norman hat die Suche nur gefakt, um sein Buch zu promoten!« Sofort wird mir vorgeworfen, Ruhm und Geld auf dem Rücken meines obdachlosen Vaters verdienen zu wollen. Ich schlucke hart, wehre mich gegen die Vorwürfe: »Das Buch ist seit Wochen online, Papa weiß davon und ist total stolz auf mich.«

Plötzlich taucht ein Foto von Papa auf Twitter auf. Er sitzt in einer Wohnung, schaut traurig in die Kamera, hinter ihm laufen die Tagesnachrichten. Darunter ein Text: »Dein Vater ist hier«. Das Herz schlägt mir bis zum Hals. Ich checke den Account, der das Bild gepostet hat. Er heißt »Der Fuchs«, wurde heute erst erstellt. Er sei ein Freund von Papa, schreibt er, doch auf mich wirkt er eher wie ein Entführer, der sein Lösegeld erpressen will. »Dein Vater weiß nichts über das Buch. Alles gelogen!« In wenigen Minuten wird der Tweet hundertfach geteilt.

Sofort schreibe ich den Account per Direktnachricht an: »Wenn du meinen Papa gegen seinen Willen festhältst, werde ich die Polizei rufen.«

Er ignoriert meine Drohung. »Dein Vater sagt, du sollst seine Fotos entfernen. Du hast nicht mal um seine Erlaubnis gefragt.«

Ich verstehe die Welt nicht mehr. Noch vorgestern hat Papa Scherze über die Suchzettel gemacht. »Du hast recht.« Während ich schreibe, werde ich wütend. »Ich konnte ihn leider nicht fragen, weil er verdammt noch mal verschwunden war! Ich hatte mir furchtbare Sorgen um ihn gemacht!«

»Sonst scherst du dich auch nicht um ihn. Ihr habt doch nie Kontakt.«

Ich bin fassungslos, erkläre dem Unbekannten, dass wir oft telefonieren, dass meine beste Freundin ihn besucht hat, dass ein Freund aus Hamburg regelmäßig nach ihm sieht. »Ich tue alles, was aus sechstausend Kilometer Entfernung möglich ist!«

»Ja, ich kenne deinen Freund aus Hamburg«, schreibt der Unbekannte. »Und wir kennen uns auch, Norman.« Und dann begreife ich es. Rolf. Es ist Rolf, natürlich. Er hat mich nie persönlich getroffen, traut mir nicht. Das Internet, und was ich dort tue, ist ihm suspekt. Er hat selbst auf der Straße gelebt, will Papa beschützen. Doch es macht keinen Unterschied mehr. Dann bricht der Shitstorm über mich herein.

Im Minutentakt erreichen mich Spott, Beleidigungen und Drohungen. Schuld an Papas Verschwinden sei ich selbst gewesen, bei so einem »Scheißkind« wie mir kann man nur abhauen. Ich sei ekelhaft, gehöre zusammengeschlagen. Ein User geht noch weiter: Er nimmt sich vor, mich zu »schlachten«. Ich bekomme es mit der Angst zu tun. Um mich zu schützen, blocke ich übergriffige Nutzer, sie sollen meine Inhalte nicht mehr sehen, mir nicht mehr schreiben können. Mein Profil stelle ich auf »privat«, sodass niemand es einsehen kann, der mir nicht folgt. Für die Kritiker ist das ein Eingeständnis: Ich muss etwas zu verstecken haben.

Am einundzwanzigsten November fährt Lisa nach Hamburg, um Papa selbst zu fragen. Ich update Twitter. Die vielen Menschen, die mir geholfen haben, meinen Papa wiederzufinden, sollen wissen, dass ich alles daran setze, die Vorwürfe aus dem Weg zu räumen. Dazu fühle ich mich verpflichtet. Als Lisa in Hamburg ankommt, hat Rolf meinen Tweet bereits gelesen und Papa mit in seine Wohnung genommen, erzählt Lisa später. Wahrscheinlich soll sie nicht mit ihm allein sprechen können. Als Lisa die Wohnung verlässt, schickt sie mir eine Sprachnachricht: »Er sah verwirrt aus. An das Telefonat im Mai kann er sich nicht mehr erinnern. Er sagt, er ist mit dem Foto als Buchcover nicht einverstanden. Aber ich weiß nicht, was von dem, was Klaus gesagt hat, wirklich Klaus war. Und was Rolf.«

Wenige Tage später kann ich mit Papa telefonieren. Ein Twitter-User trifft ihn an der Sparkasse und verbindet uns miteinander.

»Bist du noch sauer auf mich?«, frage ich ihn.

Er ist verwirrt: »Wieso soll ich denn sauer auf dich sein?«

Gehirn neu gestartet, Infos gelöscht. Ich entschließe mich, unser Wiedersehensfoto nicht zu verwenden. Selbst wenn ich es schriftlich bekomme: Papa kann seine Zustimmung maximal für die nächste Stunde geben. Ich kann nicht wissen, wie er am Erscheinungstermin dazu steht. Wenige Wochen später legen der Verlag und ich auch das Buch selbst auf Eis. Ich erkläre die Situation auf Twitter. Dass Papa seine Zustimmung natürlich gegeben hat, davon aber nichts mehr weiß. Man glaubt mir nicht mehr.

Der Shitstorm eskaliert völlig. Wochenlang wird über nichts anderes diskutiert. Ich werde zum Hassobjekt stilisiert. Mich zu beleidigen, Lügen über mich zu erfinden, wird salonfähig. Blogartikel werden verfasst, ganze Twitter-Threads, die die Anschuldigungen gegen mich auflisten, ständig gibt es Updates. Mein Klarname wird mit den Vorwürfen verbreitet, in Großbuchstaben, als sei ich ein Schwerverbrecher. Um immer mehr über mich »aufzudecken«, organisieren User sich in Gruppen, nur durch eins verbunden: den Hass auf mich, einen Fremden im Internet.

Weil der Verlag in meiner Autorenbiografie angibt, dass ich in Frankfurt lebe (wie zum Erscheinungstermin des Buches geplant), kommt auf Twitter das Gerücht auf, dass ich meinen gesamten USA-Aufenthalt nur gefakt habe. Ich muss mich ernsthaft vor einem Ortsschild bei Boston fotografieren, um den Gerüchten ein Ende zu setzen.

Dann kommt der Twitter-Sturm auch in meinem Privatleben an. Jemand verschafft sich Zugang zu meinem privaten Facebook-Profil. Weil ich dort einen Psychologiekurs aufgelistet habe, den ich an der Harvard-Universität in Cambridge besucht hatte, werden Stimmen laut, ich würde einen Harvard-Abschluss vortäuschen. Es wird öffentlich diskutiert, die Universität zu kontaktieren und mich gegebenenfalls anzuzeigen. Ich lese mit und kann nur den Kopf schütteln. Auch die Philipps-Universität Marburg wird angeschrieben, um meinen Bachelorabschluss in Psychologie zu überprüfen.

Ein Nutzer findet die E-Mail-Adresse meines Gastvaters heraus und schickt ihm eine dreiseitige E-Mail darüber, »wer Norman Wolf wirklich ist«. Auf Twitter wolle ich verzweifelte Jugendliche um mich scharen und ihnen eine »Gehirnwäsche verpassen«, um eine Sekte aufzubauen. Die Polizei sei bereits informiert. Mein Gastvater könne unmöglich wollen, dass »jemand wie ich« seine Kinder betreue. Um die Kids zu schützen, entferne ich alle Fotos, die ich gepostet habe. Auch mein Lieblingsfoto: Nachdem Devon an den Beinen operiert wurde, saß er für ein paar Wochen im Rollstuhl. Einmal schob ich ihn durch den Park, so schnell wie eine Rakete. Wir beide lachen fix und fertig in die Kamera. Ich spreche mit Amy, meiner Gastmama, die ich regelmäßig über den Shitstorm informiere. »Ich vertraue dir vollkommen«, erklärt sie und mir fällt ein Stein vom Herzen. »Aber sei vorsichtig. Hier hat sich jemand vorgenommen, dein Leben zu zerstören.«

Ich versuche, mich von Twitter fernzuhalten. Die Zeit mit den Kids lenkt mich ab, die Ausflüge, das gemeinsame Lachen. Nach der

Arbeit fahre ich mit dem Auto ans Meer und höre so laut Musik, bis meine Ohren wehtun. Ich brauche etwas, das lauter ist als der Shitstorm, das mich betäubt, wie ein Tornado durch mein Gehirn fegt. Ich höre zum ersten Mal »I Always Wanna Die (Sometimes)« von The 1975. Am Ende des Lieds singt der Leadsänger Matthew Healy »If you can't survive, just try« – und dann fange ich an zu weinen. Ich kann so nicht weitermachen, bin kraftlos, ertrage es einfach nicht mehr. Ich starre in die Dunkelheit, denke daran, als ich zwölf war und der Junge im Bus mir auf den Kopf gespuckt hat. Eigentlich bin ich gar nicht so gern am Leben.

Zwei Monate dauert der Shitstorm noch an. Im März läuft mein Arbeitsvertrag aus. Ich packe mein Leben in zwei Koffer, verabschiede mich schweren Herzens von meiner Gastfamilie und fliege zurück nach Frankfurt, wo ich mit Lisa zusammenziehe.

Im April fahren wir gemeinsam nach Hamburg, um Papa endlich zum Jobcenter zu begleiten, wie ich es mir vor einem Jahr geschworen habe. Wir suchen zwei Tage lang nach ihm. Nachdem wir ihn an seinen üblichen Orten nicht antreffen, durchforsten wir die ganze Stadt, klappern sämtliche Essensausgaben und Tagesstätten für Obdachlose ab. Aber wir finden ihn nicht. Ich schreibe René, doch auch er hat Papa seit Wochen nicht gesehen. Müde und frustriert fahren wir zurück. Wenige Tage später taucht Papa wieder auf: vor seiner Sparkasse.

Ich schreibe diesen Epilog fünfzehn Monate und neun Tage, nachdem ich Papa wiedergesehen habe. Er lebt immer noch auf der Straße. Nein, das Leben ist kein Märchen.

Doch bald fahren wir erneut nach Hamburg. Wir werden es immer wieder versuchen. Wir sind für dich da, Papa. Ich bin für dich da. Und irgendwann kriegen wir unser Happy End.

Danke

Danke an 17 821 Menschen [Stand: 05.05.2019], die meinen Post geteilt, Anrufe getätigt, Anlaufstellen überprüft und mir entgegen aller Hasskommentare immer wieder versichert haben: »Wir finden deinen Papa.«

Ariane, danke für alles! Für dein Fingerspitzengefühl und die schier grenzenlose Geduld mit mir. Dafür, dass ich mich trotz dieser so persönlichen Geschichte immer gut aufgehoben gefühlt habe. Doch am allermeisten danke ich dir dafür, dass du an mich geglaubt hast, als andere das nicht mehr taten.

Lieber René, dir möchte ich für all die Male danken, die du nach Papa gesehen hast, und für jedes aufbauende Wort. Als du dich dazu entschieden hast, mir zu helfen, kannten wir uns nicht. Heute sind wir Freunde – und das macht mich glücklich.

Steven, ich wünschte, wir hätten schon viel früher über alles geredet. Es tut mir so leid, was du mit ansehen musstest. Danke, dass du in dieser schwierigen Zeit so gut auf mich aufgepasst hast, großer Bruder! Vielleicht können wir irgendwann zusammen nach Hamburg fahren und Papa treffen. Tief im Herzen hat er dich genauso lieb wie mich.

Danke, Mama. Für all die Jahre, die du um deine Familie gekämpft hast. Dafür, dass du dein Versprechen gehalten und mich nie alleingelassen hast. Du bist die stärkste Frau, die ich kenne, und die beste Mama der Welt. Ich liebe dich.

Opi, ich wünschte, du könntest das lesen. Ich habe viel geweint, als ich an dich und die Zeit mit dir gedacht habe. Danke, dass du immer da warst, wenn Mama und Papa sich gestritten haben. Danke, dass du mein Papa warst, als Papa das nicht mehr konnte. Ich vermisse dich noch immer so sehr.

Lisa, du bist nicht nur meine beste Freundin, sondern einer der wichtigsten Menschen in meinem Leben. Danke für jeden Skype-Call, jedes Handhalten und »Alles wird gut«-Sagen. Ohne dich wäre ich an dieser Suche zerbrochen.